biblio Récit collège

Odyssée

Traduction de Marie-Rose ROUGIER

HOMÈRE

Notes, résumés et questionnaires
par Monique EMOND-BONETTO,
certifiée de Lettres modernes,
et **Marie-Laure BOUCHAND**
agrégée de Lettres classiques,
professeur en collège.

Retour sur l'œuvre
et dossier Bibliocollège
par Chloé ROUSSEAU

Sommaire

❶ L'auteur

- L'essentiel sur l'auteur 4
- Homère et l'*Odyssée* 5

❷ *Odyssée* (Textes et questionnaires)

- Chant I : Invocation à la muse –
  L'assemblée des dieux – Athéna à Ithaque 11
- Chant II : Télémaque à l'assemblée d'Ithaque 17
- Chant III : Télémaque chez Nestor 23
- Chant IV : Télémaque chez Ménélas et Hélène 29
- Chant V : Chez Calypso – La tempête 35
- Chant VI : Ulysse et Nausikaa 47
- Chant VII : Ulysse chez Alkinoos 52
- Chant VIII : Fête et jeux chez Alkinoos 53
- Chant IX : Récits d'Ulysse chez Alkinoos –
  Ulysse chez le Cyclope Polyphème 59
- Chant X : Ulysse chez Éole – Ulysse chez Circé 72
- Chant XI : Descente aux Enfers 80

ISBN : 978-2-01-394968-2

© HACHETTE LIVRE, 2016, 58, rue Jean Bleuzen, CS 70007, 92178 Vanves Cedex.
www.hachette-education.com

Tous droits de traduction, de reproduction et d'adaptation réservés pour tous pays.

- Chant XII : Ulysse et les Sirènes – Charybde et Scylla – Ulysse sur l'île du Soleil 86
- Chant XIII : Retour d'Ulysse à Ithaque 93
- Chant XIV : Ulysse chez Eumée 98
- Chant XV : Le retour de Télémaque à Ithaque 100
- Chant XVI : La reconnaissance d'Ulysse par Télémaque 102
- Chant XVII : Les humiliations d'Ulysse 105
- Chant XVIII : Les outrages des prétendants 112
- Chant XIX : Pénélope et le mendiant Ulysse – La reconnaissance d'Ulysse par Euryclée 113
- Chant XX : Songes et présages 116
- Chant XXI : L'épreuve du tir à l'arc 117
- Chant XXII : Le massacre des prétendants 125
- Chant XXIII : La reconnaissance d'Ulysse par Pénélope 131
- Chant XXIV : La reconnaissance d'Ulysse par Laërte 135
- Retour sur l'œuvre 136

❸ Dossier Bibliocollège

- L'essentiel sur l'œuvre 142
- L'œuvre en un coup d'œil 143
- Contexte : La Grèce antique 144
- Genre : L'épopée 146
- Groupement de textes : Les monstres 148
- Lecture d'images et histoire des Arts 154
- Et par ailleurs… 156

Dossier pédagogique téléchargeable gratuitement sur :
www.biblio-hachette.com

L'essentiel sur l'auteur

Homère est un **aède** (c'est-à-dire un poète et un musicien) de la Grèce antique. Il y a 2 800 ans, il a écrit l'*Iliade* et l'*Odyssée*, considérées comme deux œuvres fondatrices de la littérature occidentale.

L'*Iliade* qui raconte le **siège de Troie** par les armées grecques et l'*Odyssée* qui retrace le **retour d'Ulysse** à Ithaque, sont des œuvres longues comportant de nombreux épisodes, mettant en scène à la fois des **héros** et des **dieux**.

HOMÈRE
(VIIIe siècle av. J.-C.)

À l'époque, Homère et de nombreux autres poètes voyageaient. Ils étaient accueillis dans les grandes maisons et chez les rois pour chanter leurs poèmes.

Homère est l'écrivain le plus ancien dont on ait gardé la trace. Si ses histoires ne sont pas complètement de son invention, il a su leur donner une tournure personnelle.

Homère et l'*Odyssée*

En échange de ce spectacle, Homère bénéficie d'une chambre le temps d'une nuit.

Homère quitte le manoir et repart en direction d'un nouveau lieu où chanter ses poèmes.

HOMÈRE

Odyssée

Les principaux personnages de l'*Odyssée*

ANTINOOS : chef des prétendants (jeunes nobles désirant épouser Pénélope).

EUMÉE : porcher d'Ulysse, resté fidèle à son maître.

EURYCLÉE : nourrice d'Ulysse et intendante.

EURYMAQUE : prétendant fort riche, qui comble Pénélope de cadeaux.

MÉLANTHIOS : chevrier d'Ulysse, favorable aux prétendants.

PÉNÉLOPE : fidèle épouse d'Ulysse. Elle vit dans le palais royal d'Ithaque.

PHILÉTIOS : bouvier d'Ulysse, resté fidèle à son maître.

TÉLÉMAQUE : fils unique d'Ulysse et de Pénélope.

ULYSSE : roi d'Ithaque. Il a combattu dix ans à Troie et a mis dix autres années à regagner sa patrie.

LAËRTE : père d'Ulysse. Il vit retiré aux champs.

• Le découpage du texte à l'intérieur des chants et les titres présentés en caractères gras entre crochets ont été imaginés par les auteurs de cette édition pour faciliter la lecture.

• Le texte des résumés est également présenté entre crochets et dans des caractères différents, afin d'éviter toute confusion avec le texte de Homère.

Chant I

[JOUR 1 : INVOCATION² À LA MUSE]

1   Muse, raconte-moi l'homme à-l'esprit-inventif, qui si longtemps erra après avoir détruit la citadelle de Troie, et connut tant de cités, tant de peuples. En son cœur, il endura mille maux³, luttant sur mer pour sa propre vie et le retour de ses
5   compagnons. Hélas! malgré tout son désir, il n'en sauva aucun. Ils périrent victimes de leur impiété⁴, ces fous qui mangèrent les vaches du Soleil. Celui-ci leur refusa le jour du retour. Ô déesse, fille de Zeus, dis-nous quelques-unes de ces aventures!

[L'ASSEMBLÉE DES DIEUX]

    Tous ceux qui avaient échappé aux mortels dangers de la
10   guerre et de la mer étaient rentrés dans leur demeure. Seul Ulysse restait loin de son pays et de sa femme. Une noble déesse, la nymphe⁵ Calypso, le retenait dans ses grottes profondes, le désirant pour mari. Et, quand, enfin, les dieux eurent décidé

Notes

1. **chant** : chapitre du poème de l'Odyssée qui était destiné à être chanté. Cette division n'a pas été faite par Homère.
2. **invocation** : prière faite à une divinité pour demander son aide.
3. **maux** : souffrances.
4. **impiété** : paroles ou actions contraires à la religion.
5. **nymphe** : déesse de la nature (bois, sources, montagnes, campagne...).

son retour à Ithaque, il allait encore devoir subir de nouvelles épreuves, même parmi les siens. Tous les dieux le prenaient en pitié, tous excepté Poséidon qui le poursuivit de sa haine jusqu'à son retour dans son pays.

Or Poséidon était parti au bout du monde, chez les Éthiopiens, recevoir une hécatombe[1] de taureaux et d'agneaux. Tandis qu'il festoyait[2], les autres dieux étaient réunis dans le palais de Zeus Olympien. [...]

Athéna, la déesse au-clair-regard, prit la parole :

« Ô maître souverain, notre père, fils de Cronos, mon cœur est déchiré au souvenir du sage Ulysse. L'infortuné ! depuis longtemps, il souffre loin des siens, retenu dans une île qui forme le nombril de la mer. Dans cette île boisée habite une déesse, la fille du redoutable Atlas qui porte à lui seul les colonnes séparant la terre et le ciel. C'est sa fille qui le retient, le malheureux ! Il se lamente, mais elle l'ensorcelle de ses douces et mielleuses paroles, afin qu'il oublie Ithaque. Et Ulysse, désespéré de ne pas voir s'élever la fumée de son pays, n'aspire qu'à mourir. Ton cœur, roi de l'Olympe, va-t-il rester de pierre ? N'aimais-tu pas les sacrifices qu'autrefois Ulysse t'adressait dans la vaste Troie, devant les vaisseaux des Achéens ? Pourquoi maintenant une telle colère contre lui, ô Zeus ? »

Zeus, l'assembleur-des-nuées, lui fit cette réponse :

« Mon enfant, quel propos a jailli de tes lèvres ? Comment pourrais-je oublier Ulysse ? En intelligence, il surpasse les autres hommes, et c'est lui qui offrait le plus de sacrifices aux dieux immortels, maîtres-du-vaste-ciel. Mais Poséidon qui-entoure-la-terre lui garde rancune d'avoir crevé l'œil de Polyphème, le Cyclope semblable-à-un-dieu, le plus fort de sa race. Voilà pourquoi l'Ébranleur-du-sol, sans tuer Ulysse, le contraint d'errer loin de son pays. Mais tous ici pensons à son retour : Poséidon mettra un frein à sa colère, car, seul, il ne pourra tenir tête à tous les immortels ! »

Notes

1. **une hécatombe** : un sacrifice d'animaux (bœufs, chèvres, moutons, à l'origine au nombre de cent) fait à un dieu.

2. **festoyait** : prenait part à un festin.

Odyssée de Homère

Athéna, la déesse au-clair-regard, lui répondit :

45 *« Ô maître souverain, notre père, fils de Cronos, puisqu'il plaît aux dieux bienheureux que le prudent Ulysse regagne sa demeure, envoyons Hermès, l'éblouissant-messager, dans l'île Ogygie. Il avertira la nymphe à-la-belle-chevelure de cette décision irrévocable[1], et lui dira comment doit rentrer Ulysse à-l'âme-si-endurante. Moi, j'irai à Ithaque. J'en-*
50 *couragerai son fils, je lui donnerai la force de convoquer à l'agora les Achéens chevelus et de s'opposer à tous les prétendants[2] qui égorgent ses nombreuses brebis, ainsi que ses bœufs aux-cornes-recourbées. Puis je l'enverrai à Sparte et à Pylos-des-Sables, s'informer du retour de son père et s'acquérir bonne renommée parmi les hommes. »*

55 À ces mots, elle fixa à ses pieds ses belles sandales de déesse, toutes d'or, qui la portent sur la mer et la terre immense avec la rapidité du vent. Puis elle s'élança des cimes de l'Olympe, et ne s'arrêta que sur le sol d'Ithaque, sous le porche d'Ulysse. Sur le seuil de la cour, elle tenait une lance de bronze, et avait pris les
60 traits d'un étranger, Mentès, chef des Taphiens.

Notes

1. irrévocable : qui ne peut être modifiée.

2. prétendants : jeunes aristocrates qui veulent épouser Pénélope, la femme d'Ulysse.

Chant I, [L'assemblée des dieux]

Au fil du texte

Questions sur le chant I – L'assemblée des dieux (pages 11 à 13)

Avez-vous bien lu ?

1) Qui retient Ulysse dans l'île ? Pourquoi ?

2) Pourquoi Ulysse veut-il partir ?

3) Qui persécute Ulysse et pour quelle raison ?

4) Qui soutient Ulysse ?

5) Quelle est la décision de Zeus ?

6) À quelles actions Athéna va-t-elle pousser Télémaque ? Qu'en pensez-vous ?

Étudier le vocabulaire

7) Cherchez dans un dictionnaire la définition d'« *hécatombe* » et d'« *Odyssée* ». Puis faites quatre phrases : deux où vous emploierez ces mots dans leur sens premier (sens qu'ils ont dans l'*Odyssée*), deux avec le sens qu'ils ont aujourd'hui.

Étudier le discours

8) La situation de communication* : dans le dialogue entre Athéna et son père, à quels temps sont les verbes pour désigner les événements qui se passent au moment où ils parlent, pour désigner ceux qui sont passés et ceux qui sont à venir ?

9) Relevez les adverbes qui soulignent des moments passés, présents et à venir.

* *situation de communication* : circonstances dans lesquelles s'inscrit la communication et qui permettent de savoir :
– qui parle (locuteur),
– à qui on parle (destinataire),
– dans quel but on parle,
– où et quand on parle.

ÉTUDIER UN THÈME : DIEUX ET HÉROS

10) En quoi Athéna ressemble-t-elle à une simple mortelle ? En quoi est-elle différente ?

11) Par quels moyens les dieux entrent-ils en contact avec les mortels ?

12) Connaissez-vous quelques héros de la guerre de Troie ? Citez deux héros troyens et quatre héros achéens (grecs). Aidez-vous d'une encyclopédie, d'un dictionnaire, d'un livre de contes et légendes de la Grèce ancienne en recherchant les mots clés : *Iliade, Troie, Achéens, héros, guerre de Troie*...

ÉTUDIER L'ÉCRITURE

13) Reprenez tous les personnages cités dans le texte et notez en face de leur nom tous les qualificatifs et expressions qui les accompagnent.

14) Choisissez les trois expressions que vous trouvez les plus belles parmi celles que vous avez notées à la question 13. Répétez-les à haute voix jusqu'à les savoir par cœur.

À VOS PLUMES !

15) À votre tour, inventez des groupes nominaux caractérisant des personnes ou des animaux que vous aimez.

16) Récrivez le passage *« Ô Maître souverain... endurante »* (l. 45 à 49), en supprimant tout ce qui n'est pas nécessaire à la compréhension du message. Puis relisez le texte d'Homère et le vôtre à la suite. Dites celui que vous préférez et pourquoi.

[ATHÉNA À ITHAQUE]

[Dès qu'il voit Mentès, Télémaque va l'accueillir et l'invite à s'asseoir. Après le festin et pendant que chante l'aède[1] Phémios, Télémaque lui dit son malheur à cause de l'absence de son père et se plaint des prétendants.]

Pallas Athéna, le cœur enflammé, lui répondit :
« *Hélas ! dans quelle détresse te plonge l'absence d'Ulysse ! [...] Allons ! Je t'encourage à réfléchir aux moyens de chasser les prétendants hors de ce palais. Fais bien attention à ce que je vais te dire. Dès demain, convoque*
65 *à l'agora[2] les héros achéens. Adresse-toi à tous en prenant les dieux à témoin : que les prétendants rentrent chez eux, chacun en son domaine ! et que ta mère, si son cœur la pousse au mariage, regagne le palais de son puissant père ! Quant à toi, je vais te donner un sage conseil : équipe ton meilleur navire de vingt rameurs, et va chercher des nouvelles de ton père,*
70 *absent depuis si longtemps. Va d'abord à Pylos interroger le divin Nestor, puis à Sparte, t'informer auprès du blond Ménélas. C'est le dernier rentré de tous les Achéens cuirassés-de-bronze. Si tu apprends que ton père est en vie, qu'il va revenir, patiente alors encore un an, si forte soit ta douleur. Mais, si tu apprends qu'il est mort, reviens dans ton pays*
75 *natal : tu lui élèveras un tombeau et lui célébreras de grandes funérailles, comme il se doit, puis donneras un mari à ta mère. [...]* »

À ces mots, Athéna au-clair-regard s'éloigna, tel un oiseau dans les airs. Mais, dans le cœur de Télémaque, elle avait insufflé[3] force et audace, et ranimé le souvenir de son père. Alors,
80 l'âme remplie de crainte, il comprit que c'était un dieu.

---

 1. aède : poète qui chante ses œuvres en s'accompagnant de la cithare.
2. agora : place publique sur laquelle se tenaient des assemblées où se décidait la vie de la cité. Désigne aussi l'assemblée elle-même.
3. insufflé : inspiré, transmis.

Odyssée de Homère

Chant II

[JOUR 2 : TÉLÉMAQUE À L'ASSEMBLÉE D'ITHAQUE]

[Le lendemain, Télémaque tout empli d'une énergie nouvelle donnée par Athéna, suit ses conseils, et donne l'ordre au héraut[1] de convoquer les Achéens à l'agora. Quand le peuple est réuni, il s'y rend à son tour accompagné de ses deux lévriers, et prend la parole.]

1 « *Je ne viens pas ici vous apporter des nouvelles du retour de l'armée, je ne viens pas non plus débattre d'une affaire publique. C'est de mes intérêts que je veux parler, du double malheur tombé sur ma maison. Tout d'abord j'ai perdu mon noble père, qui régna sur vous tous autrefois*
5 *en père bienveillant. Mais il est un mal plus grand, qui détruira bientôt ma maison et dévorera tous mes biens. Contre sa volonté, les prétendants courtisent ma mère. Ce sont les fils des meilleurs d'entre vous assemblés ici. Ils n'ont pas le courage d'aller chez son père, Icare, qui, en échange de présents, donnerait sa fille à celui de son choix. Non, ils*
10 *vont et viennent dans ma demeure, égorgeant jour après jour mes bœufs, mes brebis et mes chèvres grasses. Ils festoient, ils boivent mon vin aux-reflets-de-feu, en toute folie. Mes réserves s'épuisent et il n'est pas un homme de la valeur d'Ulysse pour préserver mon toit de ce malheur. Je ne suis hélas pas en mesure de me défendre. Serai-je toujours dans cette*
15 *triste situation ? Aurai-je un jour assez de force ? Car je me défendrais,*

---

1. **héraut** : messager.

si j'en avais les moyens : ils ont commis des actes trop intolérables, et ma maison se ruine, couverte de honte. Réagissez donc! Rougissez devant tous les autres peuples, nos voisins. Craignez la colère des dieux qui, indignés, puniront ces actions injustes ! Par Zeus Olympien je vous en
20 *supplie mes amis, venez à mon aide, et laissez-moi ronger mon chagrin dans la solitude. […] »*

Telles furent ses paroles, et, dans sa fureur, il jeta son sceptre[1] à terre en versant des larmes. Le peuple fut saisi de pitié. Tous restaient silencieux, personne n'osait répondre aux paroles en-
25 flammées de Télémaque. Seul Antinoos lui rétorqua :

« *Télémaque, orateur plein d'orgueil et de colère, ainsi tu nous outrages[2], tu veux nous couvrir de honte ? Mais les prétendants ne sont pour rien dans tes malheurs. La responsable, c'est ta mère, avec son esprit retors[3]. Voilà déjà trois ans, bientôt quatre, qu'elle se joue des Achéens. À cha-*
30 *cun elle laisse espérer, à tous elle fait des promesses, envoie des messages, mais au fond de son cœur elle nourrit d'autres pensées. Apprends donc quelle dernière ruse elle avait méditée. Dans ses appartements elle avait, sur son métier, tissé un grand voile, un bel ouvrage des plus délicats, nous répétant à tous :* "*Jeunes prétendants, certes Ulysse est mort,*
35 *mais ne hâtez pas mes noces. Laissez-moi achever ce linceul[4] destiné au héros Laërte. Ainsi le fil n'en sera pas perdu, et quand la mort cruelle viendra l'abattre, aucune Achéenne ne pourra me reprocher, devant tout le peuple, d'avoir laissé ensevelir, sans linceul, un homme si riche !*" *Telles furent ses paroles, et notre cœur*
40 *généreux se laissa persuader. Mais, tandis que le jour elle tissait le grand voile, la nuit, à la lueur des torches, elle défaisait son ouvrage ! Pendant trois ans, elle cacha sa ruse et trompa les Achéens. Mais, quand vint la quatrième année, une servante qui était au courant nous révéla la supercherie. Nous surprîmes sa maîtresse en train de défaire le beau voile.*
45 *Celle-ci fut bien alors forcée de l'achever. Aussi, écoute maintenant la réponse des prétendants. Grave-la bien dans ton cœur, ainsi que tous les*

---

1. sceptre : bâton que tient l'orateur pendant son discours et qui le rend sacré.
2. tu nous outrages : tu nous insultes.
3. retors : rusé.
4. linceul : drap dans lequel on enveloppait les morts.

18 | *Odyssée* de Homère

Achéens. Renvoie d'ici ta mère ; ordonne-lui d'épouser celui que son père choisira, en accord avec elle. [...] Les prétendants mangeront tes biens et tes vivres aussi longtemps qu'elle gardera ces pensées, celles que les dieux entretiennent encore dans son cœur. Elle en retirera peut-être de la gloire, mais toi tu y perdras tous tes biens. Car nous ne retournerons pas à nos travaux, nous n'irons nulle part ailleurs, tant qu'elle n'aura pas choisi un Achéen pour époux. »

Le prudent Télémaque lui répondit :

« Antinoos, comment pourrais-je chasser de ma demeure, contre son gré, celle qui m'a enfanté et nourri ? Mon père est loin d'ici, vivant ou mort, je l'ignore, et il me sera difficile de rendre à Icare toutes ses richesses, si je renvoie ma mère. De la part de son père, je pourrai m'attendre à bien des souffrances, et la divinité m'en réservera d'autres, une fois que ma mère, chassée de notre maison, aura invoqué les cruelles Érinyes. Terrible est la colère des dieux ! Et vous, si vous la redoutez, sortez de chez moi, allez festoyer ailleurs, allez les uns chez les autres manger tous vos biens. Mais, si vous préférez épuiser impunément les ressources d'un seul homme, faites ! Moi, j'invoquerai les dieux éternels. Et Zeus vous punira de tous vos méfaits[1] : puissiez-vous alors périr, sans être vengés, dans ma demeure ! »

Telles furent les paroles de Télémaque. Du haut de la montagne, Zeus à-la-voix-retentissante fit alors s'élancer deux aigles. Portés par le souffle du vent, ils volaient côte à côte, leurs ailes déployées. Une fois parvenus au-dessus de l'agora bruyante, ils firent volte-face en battant vivement des ailes ; et ils gardèrent leur œil fixé sur toutes ces têtes, en présage[2] de mort. Puis, se griffant la tête et le cou de leurs serres[3], ils disparurent sur la droite, au-dessus des maisons et de la ville d'Ithaque. Stupéfaits, tous suivaient des yeux ces aigles, le cœur inquiet des événements à venir.

Notes

1. **méfaits** : mauvaises actions.
2. **présage** : signe qui peut faire deviner l'avenir.
3. **serres** : griffes des oiseaux de proie.

[Mais ni le discours de Télémaque, ni les mauvais présages envoyés par Zeus ne parviennent à convaincre les prétendants : ils continueront à festoyer[1] au palais d'Ulysse et n'aideront pas son fils à équiper un bateau pour partir à sa recherche. C'est donc Athéna, sous les traits de Mentès, qui lui procure un bateau et un équipage. Télémaque fait préparer les provisions par la nourrice, Euryclée, en lui demandant de taire son départ à sa mère Pénélope. À la tombée du jour, Athéna ayant endormi les prétendants, Télémaque s'embarque. Il navigue toute la nuit.]

Note

1. **festoyer** : prendre part à un festin.

Au fil du texte

Questions sur le chant II – Télémaque à l'assemblée d'Ithaque
(pages 17 à 20)

AVEZ-VOUS BIEN LU ?

1) Quelle est la ruse de Pénélope ? Pendant combien de temps a-t-elle réussi à tromper les prétendants ? Connaissez-vous une expression tirée de cette légende ?

2) Quelle est la nourriture des prétendants au palais d'Ulysse ?

3) Comment se comportent les prétendants ?

4) Que fait Télémaque après son discours ? Qu'en pensez-vous ?

ÉTUDIER LE VOCABULAIRE

5) Relevez le champ lexical* de la ruse et les mensonges de Pénélope dans le discours d'Antinoos. En quoi se rapproche-t-elle ici d'Ulysse ?

*champ lexical : ensemble de mots qui se rapportent à une notion donnée.

ÉTUDIER UN THÈME : LE STATUT DE LA FEMME

6) Répondez aux questions en citant toutes les expressions qui, dans les discours de Télémaque et d'Antinoos, se rapportent à Pénélope.

a) Peut-elle renvoyer elle-même les prétendants ?

b) Peut-elle décider de retourner chez son père ?

c) Peut-elle décider toute seule de se remarier ?

d) D'où viennent une partie des biens du palais d'Ulysse ?

e) Est-ce Pénélope qui s'occupe des biens du palais ?

f) Quelle est la seule activité que l'on connaisse à Pénélope ?

7 Voyez-vous des ressemblances et des différences entre la vie de Pénélope et celle des femmes d'aujourd'hui dans des pays que vous connaissez ?

À VOS PLUMES !

8 *« Ils gardèrent leurs yeux fixés sur toutes ces têtes, en présage de mort. »*
On voit encore aujourd'hui dans certains faits des signes annonçant l'avenir *(« Araignée du soir... »)*. Donnez-en au moins deux exemples et dites ce que vous en pensez.

9 Malgré leur *« cœur inquiet des événements à venir »*, les prétendants ne quittent pas le palais : ils mourront tous.
Écrivez un petit paragraphe où vous mettrez en scène une personne qui connaît très bien les conséquences désastreuses d'une action et qui la fait quand même. Vous ferez part ensuite de vos réflexions dans un paragraphe de conclusion.

Pénélope et Télémaque devant le métier à tisser.

Chant III

[JOURS 3 ET 4 : TÉLÉMAQUE CHEZ NESTOR]

[Le lendemain, Athéna, sous les traits de Mentès, et Télémaque, arrivent à Pylos et sont invités par le roi Nestor et ses fils à participer au festin qu'ils donnent, sur la plage, en l'honneur de Poséidon.]

1   Quand ils eurent apaisé leur soif et leur appétit, le-vieux-conducteur-de-chars, Nestor, prit la parole :

« *Il convient, maintenant que nos hôtes sont rassasiés, de leur demander qui ils sont. Qui êtes-vous, étrangers ? D'où venez-vous ? Navi-*
5 *guez-vous pour quelque négoce[1], ou allez-vous à l'aventure, comme des pirates qui, au péril de leur vie, vont porter le malheur en terre étrangère ?* »

Le prudent Télémaque lui répondit avec assurance, car Athéna avait mis la fermeté dans son cœur, afin qu'il s'informât de
10 son père absent, et qu'il en retirât bonne renommée parmi les hommes.

« *Nestor, fils de Nélée, grande-gloire-des-Achéens, je vais répondre à tes questions. Nous arrivons d'Ithaque au pied du mont Neion, pour t'entretenir d'une affaire privée et non d'ordre public. Je recueille tout ce*
15 *qu'on raconte sur l'immense gloire de mon père, le divin Ulysse-à-l'âme-endurante[2], dont on dit qu'autrefois il renversa la ville des Troyens en*

Notes 1. **négoce** : commerce.   2. **endurante** : qui supporte la souffrance.

combattant à tes côtés. Tous les autres guerriers qui se battirent à Troie, nous savons en quel lieu ils trouvèrent leur funeste[1] destin. De la mort du seul Ulysse, le fils de Cronos a fait un mystère. Nul ne sait où il a péri, s'il a été dompté sur la terre ferme par des ennemis, ou en pleine mer, sous les vagues d'Amphitrite. À tes genoux, je te supplie donc de me parler de sa triste fin, que tu l'aies vue de tes propres yeux ou apprise de quelque voyageur, car sa mère enfanta le plus malheureux des hommes. Parle sans compassion[2], n'adoucis rien par pitié, dis-moi plutôt ce que tu as vu exactement. »

Nestor, le-vieux-conducteur-de-chars, lui répondit alors :

« Ami, tu viens de me rappeler tous les malheurs endurés là-bas par les fils indomptables des Achéens, quand nous embarquions sur la mer azurée en quête de butin[3], sous le commandement d'Achille, et que nous partions à l'assaut de la vaste ville du roi Priam. Là-bas sont morts les plus valeureux[4] des hommes. »

[Mais Nestor ne sait rien sur Ulysse. Il dit à Télémaque :]

« Va donc chez Ménélas, je te le recommande. Il est récemment arrivé de l'étranger, d'où il n'espérait jamais revenir, car les tempêtes l'ont fait dériver loin sur la vaste mer, sur cette immensité périlleuse que même les oiseaux ne pourraient traverser en une année. Va, prends ton navire et tes hommes, ou, si tu préfères la voie terrestre, je mettrai à ta disposition un char et des chevaux, et mes fils te guideront jusque dans la divine Lacédémone, où se tient le blond Ménélas. Supplie-le de te dire la vérité : il ne mentira pas, car c'est un homme très sage. »

[Le soleil se couche. Nestor propose d'héberger ses hôtes. Athéna accepte pour Télémaque, et disparaît changée en vautour. Le lendemain matin, Nestor qui a reconnu la déesse décide de faire un sacrifice en son honneur.]

Notes
1. **funeste** : malheureux.
2. **compassion** : pitié.
3. **butin** : ce que l'on prend à l'ennemi.
4. **valeureux** : courageux.

40   De la campagne, on vit alors venir la génisse[1], puis, de la nef[2] rapide et bien équilibrée, les compagnons du vaillant Télémaque. Vint aussi l'orfèvre, les mains chargées des outils en bronze qui lui servent à façonner l'or : enclume[3], maillet et solides tenailles. Enfin, Athéna vint assister au sacrifice. Nestor, le-vieux-conducteur-de-chars, offrit l'or, et l'orfèvre s'appliqua à en recouvrir les cornes de la génisse afin de réjouir la déesse. Stratos[4] et le divin Échephron tenaient la bête par les cornes. Du cellier, Arétos apportait, dans un bassin orné de motifs à fleurs, de l'eau lustrale[5], et des grains d'orge[6] dans une corbeille. Thrasymède, si fougueux dans la bataille, s'apprêtait, debout près d'elle, à abattre la victime à l'aide d'une hache effilée. Persée, quant à lui, portait le vase destiné à recueillir le sang.

    Nestor, le-vieux-conducteur-de-chars, commença par répandre de l'eau lustrale et des grains d'orge, puis adressa des prières à Athéna en prélevant, sur la tête de l'animal, des poils qu'il jetait au feu. À peine avait-on fini de prier et de répandre les grains d'orge, que le fils de Nestor, l'ardent Thrasymède, s'avança : d'un coup de hache, il trancha les muscles du cou, et l'on vit la bête défaillir. Les filles et les belles-filles de Nestor, ainsi qu'Eurydice, sa vénérable épouse, poussèrent les cris rituels[7]. On souleva alors la victime au-dessus du vaste sol, et on la maintint tandis que Pisistrate[8], le-meneur-de-guerriers, l'égorgeait. Le sang noir coula, et l'âme quitta les os. On s'empressa alors de dépecer l'animal, de découper les cuisses selon le rite, de les enduire de graisse sur les deux faces et de placer

---

Notes

1. **génisse** : jeune vache qui n'a jamais encore eu de veau.
2. **nef** : bateau.
3. **enclume** : outil sur lequel on frappe un métal.
4. **Stratos, Échephron, Arétos, Thrasymède, Persée** : fils de Nestor.
5. **eau lustrale** : eau qui sert à purifier.
6. **grain d'orge** : céréale qui ressemble à un grain de blé.
7. **rituels** : habituels lors d'une cérémonie religieuse.
8. **Pisistrate** : fils de Nestor.

dessus des morceaux saignants. Le vieillard les fit brûler sur les braises en les arrosant d'une libation[1] de vin couleur-de-feu.

Près de lui, des jeunes gens tenaient des broches à cinq pointes. Et quand les cuisses furent brûlées et qu'on eut mangé les abats, on coupa le reste de la viande en menus morceaux : on les piqua avec les broches effilées qu'on tenait à la main, puis on les fit griller.

Pendant ce temps, la belle Polycaste, la plus jeune des filles de Nestor, baignait Télémaque. Après l'avoir lavé et frotté d'huile fine, elle le revêtit d'une tunique et d'un beau manteau. Au sortir du bain, il avait l'apparence d'un Immortel. Il alla s'asseoir près de Nestor, berger-de-son-peuple. Lorsqu'on eut retiré du feu la viande bien cuite, on s'assit pour le festin, et de nobles échansons[2] veillèrent à remplir de vin les coupes d'or.

Quand les convives eurent apaisé leur soif et leur appétit, Nestor, le-vieux-conducteur-de-chars, prit la parole :

« *Allons, mes enfants, amenez ici, pour Télémaque, des chevaux-à-la-belle-crinière. Attelez-les à un char, qu'il puisse se mettre en route* »

[Télémaque et Pisistrate voyagent tout le jour et arrivent à Phères[3], où le roi Dioclès leur offre son hospitalité pour la nuit.]

Notes

1. **libation** : liquide répandu en l'honneur d'un dieu.
2. **échansons** : serviteurs qui servent la boisson.
3. **Phères** : ville de Messénie dans le Péloponnèse.

Odyssée de Homère

Au fil du texte

Questions sur le chant III – Télémaque chez Nestor (pages 23 à 26)

Avez-vous bien lu ?

1 Quelles actions successives sont accomplies en l'honneur de Télémaque ?

2 À quel moment Nestor demande-t-il leur nom à ses hôtes ?

3 Quel est, à votre avis, le but de toutes ces marques d'hospitalité ?

Étudier le discours

4 Quels temps utilise Nestor dans son discours (l. 27 à 31) ?

5 Quels sont ceux que l'on trouve dans le récit du sacrifice (l. 40 à 52) ?

6 Quel temps est commun aux deux passages ?

Étudier l'écriture

7 Les lignes 8 à 12 donnent un exemple de vers formulaires* : *« Le prudent Télémaque lui répondit... hommes. »*
Où avez-vous déjà rencontré ces expressions ?
Est-ce une négligence de l'auteur ?

* *vers formulaires :* vers identiques ou très voisins répétés dans différents passages.

Étudier un thème : le sacrifice

8 Recherchez dans le texte les objets nécessaires à l'accomplissement du rite* du sacrifice.

9 Cherchez dans un dictionnaire des religions des objets de culte appartenant à d'autres religions (juive, catholique, musulmane, etc.) à l'aide des mots clés : *culte, religion, sacré, cérémonie, sacrifice, objet de culte*. Dites à quoi ils sont destinés.

* *rite :* cérémonie religieuse réglée. Elle se déroule toujours dans le même ordre et avec les mêmes gestes précis.

À VOS PLUMES... ET À VOS PINCEAUX !

10 Vous êtes un auteur de bandes dessinées, chargé d'illustrer « les sacrifices dans la mythologie grecque ».

a) Recopiez le texte *« De la campagne... coupes d'or »* (l. 40 à 79) en le découpant en vignettes* que vous numéroterez (entre 25 et 35 vignettes).

b) Reprenez chaque vignette et pour chacune :
– décrivez le dessin que vous feriez, en utilisant les différents plans : plan d'ensemble*, plan américain*, gros plan*, plongée*, contre-plongée*, insert*...;
– imaginez le texte (il ne doit pas être une simple description du dessin).

Vous présenterez votre travail dans ce tableau :

> *vignette : case comportant un dessin et un texte d'une bande dessinée.
> *plan d'ensemble : cadre et personnages vus de loin.
> *plan américain : personnage coupé à la taille.
> *gros plan : une partie du personnage seulement.
> *plongée : objet ou personnage vu d'en haut. Cela donne une impression d'écrasement, de petitesse.
> *contre-plongée : objet ou personnage vu d'en bas. Cela donne une impression de supériorité, de grandeur.
> *insert : gros plan sur un détail qui annonce un événement.

Texte de l'*Odyssée*	N° de vignette	Description du dessin	Texte : récit et bulles
« De la campagne ... génisse »	1	Plan d'ensemble : vache et bouvier au loin	En l'honneur d'Athéna, Nestor a décidé un sacrifice.
« de la nef... Télémaque »	2	Plan d'ensemble : nef au loin sur la mer Compagnons qui marchent.	Tous les compagnons de Télémaque sont invités.

c) Réalisez les vignettes : dessin, texte et bulles (paroles ou pensées d'un personnage).

Chant IV

[JOURS 5 ET 6 : TÉLÉMAQUE CHEZ MÉNÉLAS ET HÉLÈNE]

[Le lendemain, Télémaque et Pisistrate voyagent encore tout le jour et arrivent le soir à Sparte où c'est la fête. Le roi Ménélas et la reine, la belle Hélène, à l'origine de la guerre de Troie, célèbrent un double mariage : celui de Megapenthès, fils de Ménélas, et celui d'Hermione, leur fille unique à tous les deux, promise au fils d'Achille vers qui elle va être conduite. Ménélas, prévenu de l'arrivée de Télémaque et de Pisistrate, donne immédiatement l'ordre à des serviteurs d'aller les chercher.]

Après avoir dételé les chevaux, les serviteurs inclinèrent le char contre le mur resplendissant, puis conduisirent les voyageurs dans la demeure divine. Émerveillés, ceux-ci contemplaient le palais du roi chéri-de-Zeus. La haute demeure de l'illustre Ménélas rayonnait, en effet, de mille feux[1], semblable au Soleil ou à la Lune. Quand leurs yeux furent rassasiés de ce spectacle, ils se dirigèrent vers des baignoires polies[2]. Une fois baignés et frottés d'huile par des servantes, puis revêtus d'une tunique et d'un épais manteau de laine, ils revinrent s'asseoir

---

Notes

1. mille feux : l'expression évoque les murs qui sont couverts de feuilles d'or et d'argent.

2. polies : lisses et luisantes.

près de l'atride[1] Ménélas. Afin qu'ils pussent se rincer les doigts, une servante, avec une aiguière[2] d'or magnifique, versa de l'eau dans un bassin d'argent, puis dressa devant eux une table polie. Une vénérable intendante y déposa alors de la nourriture. D'un geste de la main, le blond Ménélas leur dit :

« Servez-vous, rassasiez-vous. Et quand vous aurez fini de vous restaurer, nous vous demanderons qui vous êtes. […] »

De sa haute chambre parfumée sortit alors Hélène, semblable à Artémis aux-flèches-d'or. […] Elle s'allongea sur un siège et se mit aussitôt à questionner son époux :

« Savons-nous, Ménélas chéri-de-Zeus, qui sont ces jeunes gens ? Peut-être suis-je dans l'erreur, mais mon cœur me dit, tant la ressemblance est grande, que l'un d'eux est Télémaque, fils du vaillant Ulysse. […] »

Le blond Ménélas lui fit cette réponse :

« Je partage ton avis, femme. Oui, je reconnais bien là ses pieds, ses mains, le feu de son regard, son visage et sa chevelure. […] »

Hélène prit de nouveau la parole :

« Atride Ménélas, chéri-de-Zeus, et vous autres nés de nobles pères, tandis que vous goûtez, assis en ce palais, au plaisir du repas, laissez-vous charmer par mon récit. Je ne vous énumérerai pas tous les exploits de l'endurant Ulysse, je vous raconterai seulement le coup d'éclat qu'osa cet homme énergique, en terre troyenne, au temps de vos malheurs, à vous Achéens. Après s'être meurtri le corps de coups atroces, et revêtu de haillons[3] sordides[4], il vint, semblable à un esclave, se mêler à la foule des ennemis. Toute la ville se laissa berner[5]. Je fus la seule à le reconnaître sous cet aspect ; je l'interrogeai : il rusa, dissimula, mais, quand je l'eus baigné et frotté d'huile, quand je lui eus donné un vêtement et juré solennellement de ne pas révéler la présence d'Ulysse parmi les Troyens, avant qu'il n'eût regagné ses nefs rapides et son campement, alors il m'exposa en détail le plan des Achéens. Puis, de son arme tranchante, il fit un

---

Notes

1. **atride** : fils d'Atrée. Agamemnon et Ménélas sont les fils d'Atrée.
2. **aiguière** : vase avec une anse et un bec où l'on met de l'eau pour la toilette.
3. **haillons** : étoffes abîmées servant de vêtements.
4. **sordides** : très sales.
5. **berner** : tromper.

grand massacre de Troyens, et revint près des Argiens leur rapporter ses précieuses informations. Tandis que les autres Troyennes criaient leur douleur, moi je me réjouissais secrètement car, déjà, mon cœur formulait d'autres vœux : je désirais rentrer ici, et regrettais la folie qu'Aphrodite m'avait fait faire, en me conduisant là-bas, loin de ma chère patrie, et en me séparant de ma fille, de ma chambre nuptiale[1] et de mon époux, qui ne manque ni d'intelligence ni de beauté. »

Le blond Ménélas lui fit cette réponse :

« Tout ce que tu as dit, femme, est juste. J'ai eu l'occasion de connaître la force de caractère et la sagesse de nombreux héros, car j'ai parcouru le vaste monde, mais jamais mes yeux n'ont vu un homme aussi courageux qu'Ulysse. Écoutez donc un autre coup d'éclat qu'osa cet homme énergique dans le cheval de bois[2], où s'étaient installés les meilleurs d'entre nous. Toi-même, Hélène, tu vins là, poussée sans doute par une divinité qui voulait assurer la gloire des Troyens. Trois fois tu fis le tour du piège, frappant sur le creux et appelant par leur nom les meilleurs des Danaens. Nous étions assis parmi eux, moi, le fils de Tydée[3] et le divin Ulysse, et nous écoutions tes appels. Diomède et moi brûlions d'impatience, pressés de sortir ou de te répondre de l'intérieur. Mais, heureusement, Ulysse nous arrêta : il contint la force de notre désir. »

[Le soir tombe. Des lits sont dressés dans l'entrée du palais pour Télémaque et Pisistrate. Le lendemain, à peine a paru Aurore aux- doigts-de-rose, que Ménélas va trouver Télémaque et lui demande la raison de son voyage. Ménélas lui raconte alors comment, en Égypte, il a pu interroger Protée, le Vieillard qui toujours s'échappe en changeant d'apparence, et lui rapporte la mort d'Ajax et celle d'Agamemnon tué par Égisthe. Il lui révèle ensuite qu'Ulysse est toujours vivant, mais qu'il est retenu par la nymphe Calypso.

Notes

1. chambre nuptiale : chambre où dorment les époux.
2. cheval de bois : énorme statue en bois creux imaginée par Ulysse et dans laquelle se cachèrent les Achéens pour entrer dans Troie.
3. fils de Tydée : le héros grec Diomède.

Pendant que Ménélas et Télémaque s'entretiennent, les prétendants, au palais d'Ulysse, apprennent le départ de Télémaque et, furieux, décident de lui tendre une embuscade. Prévenue de ce qui se trame, Pénélope, anxieuse, fait une offrande à Athéna et la prie pour qu'elle protège son fils. Dans un songe, Athéna, sous l'apparence d'Iphthimé, la sœur de Pénélope, vient la rassurer.]

Scène de sacrifice à Apollon. Cratère du Ve siècle av. J.-C.
Un cratère est un grand vase à deux anses dans lequel on mélangeait l'eau et le vin.

Au fil du texte

Question sur le chant IV – Télémaque chez Ménélas et Hélène (pages 29 à 32)

Avez-vous bien lu ?

1) Quelle est la réaction des visiteurs devant le palais de Ménélas ?

2) Par qui Ménélas apprend-il l'identité de son visiteur ?

3) Quel accueil Ménélas et Hélène réservent-ils à Télémaque ?

4) Quelle image Hélène et Ménélas donnent-ils d'Ulysse ?

Étudier le discours

5) Dans cette narration, des événements passés sont introduits ainsi : *« Je vous raconterai »* (l. 30), *« Écoutez donc »* (l. 51). Quels sont ces événements ? Qui se charge de les raconter ?

6) À quelle autre œuvre d'Homère ces récits passés font-ils penser ?

Étudier l'écriture

7) Repérez les champs lexicaux* utilisés pour décrire le palais de Ménélas. Quel effet produisent-ils ?

> ** champ lexical :* ensemble des mots qui se rapportent à une notion donnée.

Étudier un thème

8) L'hospitalité : comparez celle de Ménélas et celle de Nestor. Y a-t-il des différences ?

9) La femme : quelle place Hélène occupe-t-elle dans le palais ?

10) Quelle image Hélène donne-t-elle d'elle-même et qu'en pense son époux ?

⓫ Comparez la situation d'Hélène dans son palais à celle de Pénélope. Qu'en pensez-vous?

À VOS PLUMES… ET MISE EN SCÈNE !

⓬ Imaginez que vous êtes un réalisateur de cinéma. Vous tournez un court métrage à partir de ce texte, en montrant à la fois les scènes décrites par Homère et les scènes racontées.
Pour chaque scène :

a) De combien d'acteurs aurez-vous besoin? Précisez le nom des personnages à jouer.

b) Quels accessoires allez-vous demander au chef décorateur ?
Reportez vos réponses dans ce tableau, instrument de travail de l'équipe :

N° de scène	Lieu	Moment	Personnages et animaux	Accessoires et décors
1	Devant le palais de Ménélas.	Jour 6.	2 chevaux, 1 serviteur.	Murs du palais, un char.

c) Comment vous y prendrez-vous pour bien montrer aux spectateurs que toutes les scènes ne se passent pas au même moment et que certaines sont racontées?

LIRE L'IMAGE

⓭ Dites ce que fait chacune des personnes sur le vase page 32. Reconnaissez-vous des objets? (Relisez le chant II, l. 54 à 74.)

Chant V

[JOURS 7 À 31 : CHEZ CALYPSO]

[Au cours d'une nouvelle assemblée, Athéna demande encore à Zeus de permettre le retour d'Ulysse. Zeus ordonne à Hermès de porter à Calypso le message sans appel sur le retour d'Ulysse, dont le déroulement est fixé. Le messager aux rayons clairs se hâte d'obéir, chausse ses divines sandales brodées de bel or, saisit sa baguette et prend son vol.]

1   Parvenu dans l'île du bout du monde, Hermès sortit de la mer aux-mauves-reflets et gagna la terre ferme. Il se dirigea vers la grande caverne où demeurait la nymphe[1] aux-belles-boucles. Il la trouva à l'intérieur. Sur le foyer brûlait un grand feu : en se
5   consumant, le cèdre et le tendre thuya parfumaient l'île entière. Calypso était là, chantant de sa voix mélodieuse et tissant une toile avec une navette[2] d'or.

Autour de la caverne s'étendait une forêt luxuriante[3], composée d'aulnes[4], de peupliers et de cyprès odorants.

Notes
1. **nymphe** : déesse de la nature (bois, sources...).
2. **navette** : pièce de bois ou d'os, pointue à ses extrémités, qui permet d'entrecroiser les fils sur le métier à tisser.
3. **luxuriante** : très abondante.
4. **aulnes** : arbres qui poussent dans des lieux humides.

Là venaient nicher les oiseaux aux ailes vives : chouettes, éperviers et criardes corneilles, qui vont s'ébattre sur les flots. À l'entrée de la profonde caverne, une jeune vigne déployait ses rameaux chargés de grappes de raisin. Tout près d'elle, presque côte à côte, jaillissaient quatre sources dont les eaux limpides couraient ici et là. Les alentours étaient parsemés de tendres bouquets de violettes et de persil, et ce spectacle aurait réjoui n'importe quel Immortel abordant en ces lieux.

> [Calypso reconnaît aussitôt Hermès. Elle lui offre les dons de l'hospitalité et lui demande la raison de sa venue.]

Hermès lui répondit alors :

« [...] *C'est Zeus qui m'a ordonné de venir ici, contre mon gré. Quel plaisir y a-t-il, en effet, à parcourir ces immensités salées, pour atteindre ces rivages inhabités où les dieux ne reçoivent ni sacrifices ni hécatombes de choix ? Mais aucun dieu ne peut mépriser ni briser la volonté de Zeus qui-tient-l'égide*[1]. *Il dit qu'un homme est là, le plus malheureux de ceux qui combattirent au pied de la citadelle de Priam. Il t'ordonne maintenant de le renvoyer chez lui, au plus vite, car sa destinée n'est pas de périr ici, loin des siens.* »

À ces mots, Calypso, la-toute-divine, frémit et lui adressa ces mots ailés :

« *Que vous êtes cruels, vous autres dieux, avec votre jalousie démesurée ! Vous ne supportez pas qu'une déesse affiche ouvertement son amour pour un homme, quand elle en a fait son compagnon.* [...] *Aujourd'hui, vous enviez la présence d'un simple mortel à mes côtés. N'est-ce pas moi cependant qui l'ai sauvé, quand il dérivait seul sur sa quille*[2] *après que Zeus, de sa foudre étincelante, eut fracassé son navire sur la mer couleur-de-vin ? Tous ses vaillants compagnons avaient péri. Lui, poussé par le vent et la houle, aborda en ces lieux, où je le chéris, le nourris et lui promis l'immortalité et une jeunesse éternelle. Mais il est vrai qu'aucun*

---

1. égide : peau de la chèvre Amalthée qui avait nourri Zeus enfant. Aucune flèche ne pouvait la transpercer.

2. quille : partie inférieure de la coque d'un navire.

dieu ne peut mépriser ni briser la volonté de Zeus qui-tient-l'égide. Qu'il parte donc affronter la mer inféconde[1], puisque Zeus l'exige ! Mais comment le renverrai-je ? Je ne dispose d'aucun navire à rames, d'aucun homme qui puisse le conduire sur le large dos de la mer. Je mettrai tout mon cœur cependant à le conseiller, en toute franchise, afin qu'il regagne sain et sauf sa patrie. »

L'éblouissant messager lui dit alors :

« *Oui, laisse-le partir. Crains la colère de Zeus et sa rancune qui pourraient, un jour, se retourner contre toi.* »

À ces mots le dieu puissant, l'éblouissant, s'en alla.

Attentive aux ordres de Zeus, l'auguste[2] nymphe se dirigea alors vers Ulysse. Elle trouva ce cœur généreux assis sur le rivage escarpé. Ses yeux étaient baignés de larmes. Sa douce vie se consumait[3] dans la nostalgie du retour, car il n'aimait plus Calypso. La nuit, il devait rester au creux de la grotte, obéissant malgré soi aux désirs de la nymphe. Mais, le jour, il restait assis sur les roches du rivage, les yeux rivés sur la mer inféconde, et il pleurait.

La-toute-divine s'approcha et lui dit :

« *Infortuné, ne reste plus là à te lamenter, ne consume pas vainement tes jours : je consens désormais à te laisser partir. Prends donc tes outils en bronze, taille de grandes poutres en bois et ajuste-les pour en faire un radeau de bonne dimension, sur lequel tu fixeras un solide gaillard[4], afin qu'il te conduise sur la mer azurée. Moi, j'y déposerai du pain, de l'eau et du vin sombre, pour te réconforter et apaiser ta faim. Je te fournirai aussi des vêtements et ferai souffler un bon vent arrière. Ainsi tu regagneras sain et sauf ta patrie, si du moins les dieux, maîtres-du-vaste-ciel, y consentent, car, pour décider et agir, ils me sont supérieurs.* »

Quatre jours plus tard, tout était prêt. Le cinquième, la divine Calypso le renvoya de l'île après l'avoir baigné et couvert de vêtements parfumés. Elle fit se lever un vent favorable, et

---

Notes

1. mer inféconde : qui ne porte pas de fruits.
2. auguste : majestueuse.
3. se consumait : s'épuisait.
4. gaillard : partie surélevée sur le pont d'un bateau.

Ulysse, fou de joie, ouvrit ses voiles à cette douce brise. [...]
70 Dix-sept jours durant, il navigua en pleine mer. Le dix-huitième jour, il vit se profiler à l'horizon l'ombre des montagnes de Phéacie : la terre toute proche formait comme un bouclier bombé sur la mer azurée.

Mosaïque d'Ostie (Italie) représentant un bateau antique.

Au fil du texte

Questions sur le chant V – Chez Calypso (pages 35 à 38)

AVEZ-VOUS BIEN LU ?

1) Quelle impression retirez-vous de tout ce qui nous est dit (localisation, habitants, aspect) sur l'île de Calypso ?

2) Quelle image des dieux peut-on se faire en entendant parler Calypso ?

3) Quelle épreuve Ulysse a-t-il subie avant son arrivée sur l'île ?

4) Pourquoi Ulysse pleure-t-il ?

5) En combien de jours Ulysse construit-il son bateau ? Trouvez-vous normal qu'il sache le faire ?

ÉTUDIER LE VOCABULAIRE ET LA GRAMMAIRE

6) Isolez l'élément commun à ces trois termes : *féconde, inhabité, infortuné.*

a) Quelle est sa signification ?

b) Trouvez trois adjectifs construits de la même façon.

7) « N'est-ce pas moi [...] qui l'ai sauvé... », dit Calypso.

a) Remplacez successivement le pronom *moi* par les pronoms *toi, lui, nous, vous, eux,* et terminez la phrase.

b) Lorsqu'un verbe a pour sujet un pronom relatif, avec quel mot s'accorde-t-il ? Écrivez clairement la règle.

ÉTUDIER LE DISCOURS

8 Pourquoi Calypso laisse-t-elle partir Ulysse, d'après l'auteur ?

9 Pourquoi Calypso laisse-t-elle partir Ulysse, d'après Calypso elle-même ?

ÉTUDIER L'ÉCRITURE

10 La description : par quelles sensations Hermès découvre-t-il l'île de Calypso et sa demeure ? Vous compléterez le tableau ci-dessous :

Sensations	Noms communs	Adjectifs	Verbes
Vue	....	....	....
Odorat (parfums)	....	....	....
Ouïe (sons)	....	....	....

11 Dans quel ordre est décrit le domaine de Calypso ? Relevez les indices de changement de lieu.

À VOS PLUMES !

12 Décrivez un lieu que vous aimez dans un petit paragraphe. Vous le rendrez vivant pour le lecteur en notant très précisément vos sensations visuelles, auditives, olfactives et peut-être aussi gustatives et tactiles. Vous guiderez votre lecteur dans ce lieu : au loin, dehors, tout près, etc. Vous terminerez par une phrase exprimant votre sentiment.

LIRE L'IMAGE

13 Nommez les parties du bateau que vous reconnaissez (p. 38).

[LA TEMPÊTE]

Mais, comme il[1] revenait de chez les Éthiopiens, le tout-puissant Poséidon, l'Ébranleur-du-sol, l'aperçut du haut du mont Solyme[2] : il le voyait cinglant[3] sur la mer ! Fou de rage, il secoua la tête et agita ces pensées :

« Hélas ! pendant mon séjour chez les Éthiopiens, les dieux ont donc modifié leur projet concernant Ulysse. Le voici tout près de la Phéacie, où le destin l'arrachera au lot de misères qui devait être le sien ! Eh bien moi, je lui promets qu'il n'est pas au bout de ses peines ! »

À ces mots, le dieu prit son trident, rassembla les nuées[4] et déchaîna la mer. Il souleva tous les vents, provoquant ainsi une violente tempête : la terre et la mer étaient ensevelies sous les nuages, et la nuit s'abattit du haut du ciel. Tous les vents faisaient rage : l'Euros, le Notos, l'impétueux Zéphyr et le Borée qui-naît-haut-dans-l'azur ; ensemble, ils soulevaient des vagues énormes.

Ulysse, sentant faiblir ses genoux et son cœur, s'adressa à soi-même ces paroles désespérées :

« Hélas ! À quel malheur faut-il encore que je m'attende ? Je crains que Calypso n'ait dit vrai, quand elle m'assurait qu'avant de regagner ma patrie, je sombrerais dans une tourmente de malheurs. Sa prédiction s'accomplit donc ! Que de nuages amoncelés par Zeus dans le vaste ciel ! Quelle mer déchaînée ! Et tous ces vents qui soufflent en rafales ! C'est certain, voici pour moi le gouffre de la mort ! Trois fois, quatre fois heureux les Danaens qui périrent à Troie, dans leur ardeur à servir les Atrides ! Comme je regrette de n'être pas mort le jour où les Troyens, massés autour du cadavre d'Achille, me harcelaient avec leurs lances de bronze ! J'aurais à ce jour une tombe, et les Achéens chanteraient ma gloire. Mais hélas ! le destin me réserve une mort déshonorante. »

Notes

1. **il** : Ulysse.
2. **mont Solyme** : montagne d'Asie Mineure.
3. **cinglant** : naviguant à la voile dans une direction donnée.
4. **nuées** : nuages.

Comme il disait ces mots, une vague gigantesque déferla sur lui. Le choc fut terrible : le radeau chavira, et Ulysse, lâchant le gouvernail, fut rejeté au loin. Sous l'assaut des rafales, le mât se brisa en deux. Voile et vergue[1] furent emportées au loin.

Ulysse resta longtemps au fond de l'eau. Vaincu par la force des vagues, alourdi par les vêtements que lui avait procurés Calypso, il n'arrivait pas à remonter à la surface. Après un long moment, il émergea enfin. Sa bouche recrachait l'onde amère dont sa tête ruisselait. Il était épuisé, mais n'oubliait pas pour autant son radeau.

Il nagea dans sa direction, réussit à l'agripper et s'assit dessus afin d'échapper à la mort. Le radeau, emporté par la houle[2], dériva au gré du courant. De même qu'en automne Borée balaie sur la plaine les fleurs des chardons agglutinées en tas, de même les vents entraînaient le radeau dans leur sillage.

Mais la fille de Cadmos l'aperçut. C'était Inô aux-belles-chevilles, jadis simple mortelle pourvue d'une belle voix, devenue à présent Leucothée, déesse honorée sur les flots de la mer. Elle eut pitié de la souffrance d'Ulysse à la dérive. Elle vint donc s'asseoir sur le radeau, et dit :

« Pauvre Ulysse, pourquoi Poséidon, l'Ébranleur-du-sol, te voue-t-il une telle haine ? Pourquoi te fait-il endurer tant de souffrances ? Mais, il a beau le vouloir, il ne t'anéantira pas. Suis donc mes conseils, car tu me sembles raisonnable. Ôte tes vêtements, et laisse les vents emporter ton radeau. Nage de toutes tes forces jusqu'au rivage de Phéacie où le destin t'offre le salut. Avec ce voile divin que tu étendras sur ta poitrine, tu n'auras à craindre ni la souffrance ni la mort. Mais, quand tu auras atteint la terre ferme, détache-le, jette-le dans la mer couleur-de-vin, loin du rivage, et détournes-en tes regards. »

Elle dit, et lui donna le voile, avant de disparaître dans les vagues houleuses, semblable à une mouette.

Notes

1. vergue : pièce de bois posée perpendiculairement au sommet du mât et portant la voile.

2. houle : mouvement de la mer agitée par le vent.

Le cœur et l'esprit troublés, Ulysse méditait ces conseils, lorsque Poséidon, l'Ébranleur-du-sol, souleva une vague gigantesque, en forme de voûte, qui vint s'écraser contre lui. De même qu'un tas de paille sèche, pris dans une tornade, s'éparpille aux quatre vents, de même les poutres du radeau volèrent en éclat. Ulysse alors enfourcha l'une d'elles, comme un cavalier pressant l'allure de son cheval ; vite il se débarrassa des vêtements offerts par Calypso, puis étendit le voile sur sa poitrine. Et il plongea tête la première dans la mer, ouvrit ses deux bras, et nagea vigoureusement.

Le puissant Ébranleur-du-sol le vit. Il secoua la tête, se disant en lui-même :

« Va, erre sur la mer, et souffre mille morts, jusqu'à ce que t'accueillent les Phéaciens chéris-de-Zeus. Et même alors, j'espère que tu ne seras pas au bout de tes peines. »

Pendant deux jours et deux nuits, Ulysse fut ballotté par la houle. Plus d'une fois son cœur pressentit la mort. Mais, quand, le troisième jour, parut l'aurore aux-belles-boucles, le vent cessa de souffler. Le calme revint, et Ulysse aperçut enfin, toute proche de lui, la terre ferme : cramponné au sommet de la vague, il scrutait la côte du regard. De même que des enfants voient avec bonheur leur père reprendre goût à la vie, après une longue maladie et de violentes souffrances, de même Ulysse se réjouissait à la vue de la terre et des forêts. Il nagea donc, pressé de mettre pied à terre. Mais, quand le rivage ne fut plus qu'à portée de voix, il entendit le bruit assourdissant de la mer contre des écueils[1] : la vague, près de la terre ferme, formait un grondement de tonnerre, un mugissement terrible, et tout était noyé d'écume. Il n'y avait aucun port à l'horizon pour abriter les navires, aucune crique, seulement des falaises, des promontoires[2] escarpés, des écueils et des rocs !

Notes

1. **écueils** : rochers ou bancs de sable à fleur d'eau et invisibles que peuvent heurter les bateaux.

2. **promontoires** : rochers élevés qui s'avancent au-dessus de la mer.

Ulysse sentit son cœur et son esprit se troubler ; au même instant, la violence de la vague le projeta contre l'escarpement d'une roche. Il aurait eu la peau arrachée, les os broyés, si Athéna, la déesse au-clair-regard, ne lui avait inspiré une idée. Des deux mains, il agrippa la roche et s'y cramponna en gémissant, jusqu'à ce que la vague fût passée. Il tint bon ; malheureusement, le reflux[1] le frappa de plein fouet et le rejeta au large. Quand il émergea des flots qui grondaient sur le rivage, il nagea vers le bord, fouillant la côte du regard pour apercevoir une plage abritée ou une crique.

Nageant toujours, il atteignit l'embouchure d'un fleuve aux-belles-eaux. L'endroit, dépourvu de rochers et bien abrité du vent, lui parut excellent. Il s'engagea donc plus avant et pria ainsi :

« *Qui que tu sois, Seigneur, écoute mes prières. Je viens à toi, pour échapper à la mer, à Poséidon et à sa colère. Il ne peut laisser les dieux indifférents, le naufragé qui, comme moi, s'adresse à tes eaux et se met à tes genoux, après avoir tant souffert. Aie pitié Seigneur, je t'en supplie.* »

Il dit ; aussitôt, le dieu du fleuve apaisa son cours, retira les vagues, et rétablit le calme devant le héros, pour lui offrir le salut à l'embouchure de ses eaux. Ulysse se laissa alors tomber sur ses genoux et ses robustes mains, car la mer avait dompté son cœur. Sa peau était toute tuméfiée[2] ; l'eau salée ruisselait de sa bouche et de ses narines. Il restait étendu là, à bout de souffle, sans voix, complètement épuisé.

Mais, quand il eut repris haleine et senti les forces revenir dans sa poitrine, il détacha le voile de la déesse et le lança dans le fleuve, en direction de la mer. Le courant emporta le voile au loin, et Inô vint le recueillir de ses propres mains. Ulysse sortit alors du fleuve et s'étendit au milieu des joncs[3] pour embrasser la terre féconde.

---

1. reflux : mouvement en arrière de la vague.
2. tuméfiée : gonflée.
3. joncs : plantes à haute tige poussant dans les lieux humides.

Odyssée de Homère

[Il va se glisser au creux d'un olivier qui ne laisse pénétrer ni les vents les plus forts ni les brumes humides, s'allonge, ramène sur son corps une brassée de feuilles. Alors Athéna, pour chasser au plus tôt l'épuisante fatigue, lui ferme les paupières.]

Marionnette représentant la déesse Athéna
dans le spectacle de la Cie Ecla Théâtre, 1998.

Au fil du texte

Questions sur le chant V – La tempête (pages 41 à 45)

Avez-vous bien lu ?

1) Quelles sont les réactions d'Ulysse pendant la tempête ? Répondez en citant le texte.

2) À votre avis, Ulysse pourrait-il se sauver sans l'intervention d'Inô et d'Athéna ?

3) Comment le dieu Poséidon vous apparaît-il ?

4) Ulysse au cœur de la tempête : que regrette-t-il ? que craint-il ? pourquoi ?

5) Combien de jours aura duré le voyage d'Ulysse depuis Ogygie jusqu'à la Phéacie ? Citez le texte.

Étudier le genre

6) L'épopée : trouvez les trois phrases qui commencent par *« de même que... de même »* et qui permettent à Homère de développer une comparaison. Recopiez ensuite uniquement la deuxième partie, en commençant par le sujet et en supprimant *« de même »*.
Lisez les deux versions : laquelle préférez-vous ? Expliquez pourquoi.

7) Le merveilleux chez Homère : six divinités interviennent dans la vie d'Ulysse dans les deux derniers extraits, « chez Calypso » et « la tempête ». Notez-les dans le tableau et dites, pour chacune d'elles, quelle est son action et sous quelle forme elle apparaît quand Ulysse la voit.

Divinités	Apparence pour Ulysse	Actions pour Ulysse
....	....	....

Chant VI

[JOUR 32 : ULYSSE ET NAUSIKAA]

1   Tandis que le divin Ulysse à-l'âme-endurante dormait là, accablé de sommeil et de fatigue, la déesse Athéna se dirigeait vers le peuple et la cité de Phéacie. […]

Elle alla droit dans la chambre magnifique où dormait la jeune
5   Nausikaa, aussi grande, aussi belle qu'une déesse : c'était la fille d'Alkinoos au-grand-cœur. Comme un souffle de vent, elle se glissa près du lit de la vierge. Elle avait pris les traits d'une jeune fille du même âge que Nausikaa et chère au cœur de celle-ci.

Sous cette apparence, Athéna au-clair-regard lui dit :

10   *« Nausikaa, quelle fille négligente es-tu donc ? Vois tous ces luxueux vêtements qui gisent là, sans soin ! Ton mariage est proche ; ne faudra-t-il pas alors des vêtements magnifiques pour toi-même et tous ceux qui formeront ton cortège*[1]* ? N'est-ce pas nécessaire, si l'on veut s'acquérir une bonne renommée, et réjouir son père et sa noble mère ? Allons ! n'attends*
15   *pas l'aurore, va supplier ton père Alkinoos de mettre à ta disposition des mules et un char pour emmener ces ceintures, voiles et luxueux vêtements. Toi-même, fais le trajet en char plutôt qu'à pied, car les lavoirs*[2]* sont loin de la ville. »*

Notes

1. cortège : groupe de personnes qui suit quelqu'un pour lui faire honneur.
2. lavoirs : dans l'Antiquité, le linge était lavé sur les pierres au bord des fleuves. Cela se pratique encore aujourd'hui dans beaucoup de régions du monde.

Sur ces mots, la déesse au-clair-regard disparut.

[Dès l'aurore, Nausikaa s'en va demander à son père un attelage pour emporter le linge à laver au fleuve. Son père accepte aussitôt, et sa mère lui donne des vivres et du vin pour le repas et une fiole pleine d'une huile bien fluide pour se frotter après le bain.]

20 Nausikaa et ses servantes gagnèrent le fleuve aux-belles-eaux-courantes. Il y avait là de profonds lavoirs où coulait une eau très pure, capable de nettoyer le linge le plus sale. Elles dételèrent les mules et les poussèrent le long des eaux tourbillonnantes, afin qu'elles pussent brouter l'herbe douce-comme-le-
25 miel. Puis elles déchargèrent les vêtements entassés dans le char, les plongèrent dans des trous d'eau sombre et les foulèrent[1] sous leurs pieds, en rivalisant d'ardeur.

Quand le linge sale fut lavé, bien nettoyé, elles l'étendirent sur le bord du rivage, là où la mer rejette le plus de galets. Puis,
30 s'étant baignées et frottées d'huile fine, elles prirent un repas sur les rives du fleuve, en attendant que les rayons du Soleil eussent séché les vêtements.

Après s'être rassasiées, maîtresse et servantes dénouèrent les voiles autour de leur tête, et jouèrent à la balle. Nausikaa aux-
35 bras-blancs menait le chœur des jeunes filles, semblable à la déesse Artémis, lorsqu'elle court sur la montagne, entourée de ses nymphes. Ainsi, la jeune vierge indomptée[2] se distinguait de ses suivantes par sa taille et sa beauté.

Mais déjà l'heure était venue de rentrer au palais, d'atteler les
40 mules et de plier les beaux vêtements. La déesse Athéna eut à cet instant une idée : Ulysse, réveillé, verrait la jeune fille au-beau-visage, et serait conduit par elle jusqu'à la cité des Phéaciens. Très vite alors, la balle, lancée par la princesse à l'une de ses suivantes, manqua son but et tomba dans un profond remous[3]. Les

---

Notes

1. **foulèrent** : pressèrent en tapant des pieds.
2. **indomptée** : qui n'a pas encore de maître.
3. **remous** : tourbillon.

⁴⁵ jeunes filles poussèrent des cris aigus : le divin Ulysse s'éveilla et se redressa, l'esprit et le cœur troublés : *« Hélas ! chez quels mortels, en quel pays ai-je encore échoué ? Ces bruits autour de moi, ne dirait-on pas des cris de jeunes filles ? Je vais aller voir par moi-même. »*

Le divin Ulysse émergea alors des buissons. De sa large main,
⁵⁰ il cassa, dans l'épaisse frondaison¹, une branche feuillue dont il couvrit son sexe. Il s'avança, tel un lion des montagnes qui se fie à sa force et ne craint ni la pluie ni le vent : ses yeux lancent des éclairs, et il se jette sur les bœufs, les brebis ou les cerfs sauvages, car son ventre crie famine. De même Ulysse allait au-
⁵⁵ devant de ces jeunes filles aux-belles-boucles, tout nu qu'il était, car la nécessité le poussait. Mais quel spectacle effrayant pour celles-ci ! L'eau de la mer avait crevassé la peau du héros, et elles s'enfuirent, épouvantées, jusqu'au bord du rivage. Seule la fille d'Alkinoos resta : Athéna avait mis la hardiesse dans son cœur
⁶⁰ et chassé la peur de ses membres. Elle se tenait immobile face à lui. Ulysse hésitait : allait-il, pour implorer² la jeune fille au-doux-visage, embrasser ses genoux³, ou bien rester à distance et user de douces paroles ? Après réflexion, il jugea préférable de rester à distance et d'user de douces paroles ; il craignait, en
⁶⁵ effet, d'irriter la jeune fille en embrassant ses genoux.

Il lui tint lors ce discours, tout de miel et d'astuce :

« Je t'adresse mes prières, ô reine, que tu sois une déesse ou une simple mortelle. Si tu es l'une des déesses qui-occupent-le-vaste-ciel, je reconnais en toi la grâce, la stature et la beauté d'Artémis, la fille du grand
⁷⁰ *Zeus. Si tu es l'une des mortelles qui habitent sur la terre, quel bonheur pour ton père et ta noble mère, quel bonheur pour tes frères ! Ils doivent éprouver un plaisir infini à voir danser une telle fleur au milieu d'un chœur. Mais mille fois plus heureux encore celui qui, grâce à la richesse de ses présents, t'emmènera dans sa maison ! Son cœur sera comblé.*
⁷⁵ *Non, jamais je n'ai contemplé pareille beauté, ni chez un homme ni*

Notes
1. **frondaison** : feuillage.
2. **implorer** : supplier.
3. **embrasser ses genoux** : le suppliant doit entourer les genoux et toucher le menton de celui qu'il implore.

chez une femme. Ta vue me remplit d'admiration, mais je n'ose toucher tes genoux. Immense est ma souffrance cependant ! Hier seulement, j'ai pu échapper à la mer couleur-de-vin. Parti de l'île Ogygie, j'ai été, vingt jours durant, prisonnier des flots et d'une violente tempête. Et voilà maintenant qu'une divinité me rejette sur ces bords, pour accroître[1] mes souffrances. Mes malheurs n'auront-ils donc jamais de fin ? Combien d'autres les dieux me réservent-ils encore ? Aie donc pitié de moi, ô reine. Tu es la première personne que je rencontre, après toutes mes épreuves. Je ne connais aucun des habitants de cette cité, de ce pays. Indique-moi le chemin de la ville ; donne-moi quelque loque[2] à mettre sur mes épaules, si tu as là une toile pour envelopper tout ce linge. Et puissent les dieux alors combler tous tes vœux[3] ! »

Nausikaa aux-bras-blancs lui fit cette réponse :

« Étranger, tu n'as rien d'un homme méchant ou déraisonnable. C'est Zeus Olympien qui distribue la richesse aux hommes, bons ou mauvais. C'est lui certainement qui t'a réservé ce sort, et il te faut le supporter. Mais, puisque te voici arrivé dans notre pays, dans notre cité, tu ne manqueras ni de vêtement ni de ce qu'exige un suppliant qui a tant souffert. Je vais t'indiquer le chemin de la ville, et te dire le nom de ce peuple. Cette cité, cette terre appartiennent aux Phéaciens. Moi, je suis la fille d'Alkinoos au-grand-cœur, celui qui a, sur le peuple de Phéacie, force et autorité. »

[Nausikaa ordonne que soient posées auprès d'Ulysse une robe, une écharpe pour qu'il puisse se vêtir, la fiole d'or pour qu'il se frotte d'huile fine après le bain, et qu'on lui laisse de quoi manger et boire. Puis elle lui dit de la suivre sur le chemin de la ville. Mais il devra s'arrêter dans le bois d'Athéna et lui laisser le temps d'arriver seule au palais. Quand, à son tour, il y arrivera, qu'il aille droit vers sa mère, jeter les bras autour de ses genoux en signe de supplication, s'il veut voir le jour du retour.]

Notes

1. **accroître** : augmenter.
2. **loque** : morceau de tissu déchiré.
3. **combler tes vœux** : réaliser tes désirs.

Odyssée de Homère

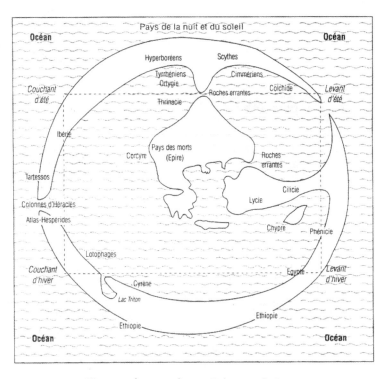

L'image du monde en Grèce archaïque.
© A. Ballabriga, *Les Fictions d'Homère*, PUF, 1998.

Chant VII

[JOUR 32 : ULYSSE CHEZ ALKINOOS]

[Nausikaa rentre chez elle. Ulysse prend à son tour le chemin de la ville. Arrivé dans la cité, il est guidé vers le palais d'Alkinoos par Athéna, qui a pris l'apparence d'une toute jeune fille portant une cruche. Ulysse est émerveillé : la demeure rayonne de mille feux, semblable au Soleil et à la Lune, et le jardin, rafraîchi par deux sources, abonde en fleurs et en fruits en toute saison. Dissimulé sous la nuée qu'Athéna a versée sur lui, Ulysse pénètre dans le palais. La nuée se dissipe et il apparaît, superbe, enlaçant les genoux de la reine Arété, pour la saluer et l'implorer de l'aider à regagner sa patrie. Alkinoos lui fait servir un repas. Il invite ensuite pour le lendemain ses hôtes à une fête en l'honneur de l'étranger, et lui promet de le reconduire dans sa patrie. Tous regagnent leur logis. Mais Arété a reconnu le manteau et l'écharpe. Elle demande à Ulysse son nom et comment il a fait naufrage. Ulysse raconte alors son séjour de sept ans chez Calypso, son voyage, son naufrage, et enfin sa rencontre avec Nausikaa. Alkinoos lui propose la main de sa fille, et lui renouvelle aussi sa promesse. Ulysse le remercie et tous trois vont se reposer.]

Chant VIII

[JOUR 33 : FÊTE ET JEUX CHEZ ALKINOOS]

[Aussitôt qu'apparaît Aurore aux-doigts-de-rose, Alkinoos se rend au conseil pour l'informer de sa décision de ramener son hôte chez lui avec un navire de cinquante-deux rameurs. Puis tous sont conviés à un festin. Quand ils ont satisfait la soif et l'appétit, l'aède[1] aveugle Démodokos chante la querelle d'Ulysse et d'Achille, et Ulysse, l'entendant, pleure. Alkinoos s'en aperçoit et convie alors tout le monde à se mesurer aux jeux.]

1   Ils se dirigèrent vers l'agora, suivis par une foule nombreuse, des gens par milliers. La fleur de la jeunesse[2] accourut également pour prouver sa vaillance[3].

Elle s'essaya d'abord à la course. Une fois la borne franchie,
5   ce fut une lutte de vitesse : les coureurs volaient sur la plaine, tous ensemble, dans un nuage de poussière. Mais le meilleur, de loin, fut l'irréprochable Clytonée. Quand il rejoignit la foule, il distançait les autres coureurs d'une longueur égale au sillon que tracent les mulets dans le labour.

10   Ils s'essayèrent ensuite à la lutte à main nue. Dans cette dure épreuve, c'est Euryale qui vainquit les meilleurs participants. Au

---

Notes

1. **aède** : poète qui chante ses œuvres en s'accompagnant de la cithare.
2. **la fleur de la jeunesse** : les meilleurs parmi les jeunes gens.
3. **vaillance** : courage, bravoure.

saut, la victoire revint à Amphiale ; au disque, Élatrée réussit à se distinguer parmi tous les athlètes, mais, à la boxe, ce fut Laodamas, l'excellent fils d'Alkinoos.

15 Quand ils eurent, avec ces jeux, contenté leur cœur, Laodamas prit la parole :

« *Mes amis, allons demander à notre hôte s'il connaît, s'il pratique quelque sport. Il a plutôt belle allure : voyez ses cuisses, ses jambes, ses bras, la robustesse de son cou et l'ampleur de sa poitrine ! Il n'a rien perdu* 20 *de sa jeunesse ; ce sont en fait ses rudes épreuves qui l'ont affaibli. Car il n'est rien de plus redoutable que la mer, croyez-moi, pour anéantir un homme, fût-il le plus vaillant.* »

Euryale fit alors entendre cette réponse :

« *Voilà qui est bien parlé, Laodamas. Il ne te reste plus qu'à l'aborder* 25 *et à l'inviter.* »

À ces mots, l'excellent fils d'Alkinoos s'avança au milieu de l'arène[1] pour s'adresser à Ulysse :

« *Vénérable étranger, viens, toi aussi, participer aux épreuves. Il n'est gloire plus grande que celle qu'on acquiert à la force de ses bras, de ses* 30 *pieds. Viens donc tenter ta chance, et chasse de ton cœur tout souci : ton retour est proche désormais, puisque le navire est à flot, et l'équipage, fin prêt.* »

Voici ce que répondit Ulysse à-l'esprit-inventif :

« *Laodamas, pourquoi me lancer ce défi injurieux ? J'ai, dans le cœur,* 35 *d'autres soucis que les jeux : après avoir tant souffert, tant peiné, je n'aspire qu'au retour, et, si je suis là, assis en cette assemblée, c'est pour implorer votre roi ainsi que tout le peuple.* »

En guise de réponse, Euryale lui adressa ces railleries[2] :

« *Étranger, tu sembles ignorer les jeux auxquels s'exercent les hommes.* 40 *Tu as tout l'air d'un matelot qui court les mers sur son navire de commerce et surveille le trafic de ses hommes, tenant le compte du fret*[3] *et de la marchandise volée. Non, vraiment, tu n'as rien d'un athlète !* »

Notes

1. **arène** : espace sablé où se déroulent les compétitions.
2. **railleries** : moqueries.
3. **fret** : cargaison d'un navire.

54 | *Odyssée* de Homère

Ulysse à-l'esprit-inventif lui jeta un regard noir, et dit :

« *Étranger, tu parles à tort et à travers, l'orgueil te fait perdre la tête. Mais, il est vrai, les dieux n'accordent jamais au même homme toutes les qualités : beauté, intelligence et éloquence*[1]. *Ainsi toi, tu es d'une beauté sans pareille, les dieux ne t'auraient pas mieux conçu, mais tu as l'esprit vide. Avec tes sottises, tu as soulevé la colère dans mon âme. Je ne suis pas novice*[2] *au jeu, contrairement à ce que tu prétends. J'étais dans les premiers, quand j'avais pour moi la jeunesse et la force de mes bras. Mais je suis maintenant la proie du malheur et de la souffrance. J'ai beaucoup enduré, j'ai usé mes forces à me battre contre les hommes, à lutter contre les vagues. Mais, en dépit de mes misères, je m'essaierai aux jeux. Tes insultes m'ont mordu à vif, tu m'as trop provoqué.* »

Il dit et, sans même quitter son manteau, courut prendre un disque, beaucoup plus gros, beaucoup plus pesant que ceux lancés par les Phéaciens. Il le fit tournoyer et le lança de sa main vigoureuse. Le disque fendit l'air en sifflant. Ils baissèrent la tête, épouvantés par la puissance du jet, ces Phéaciens habiles-à-manier-les-rames, ce peuple d'armateurs[3]. La pierre, lancée à toute volée, dépassa les autres marques. Athéna, qui avait pris les traits d'un homme, vint marquer le but atteint, et ajouta ces mots :

« *Même un aveugle, étranger, reconnaîtrait ta marque au toucher, car elle n'est pas au milieu des autres, mais loin devant. Courage donc pour cette épreuve : nul Phéacien ne surpassera, ni même n'atteindra ta marque.* »

Ainsi dit-elle ; et le divin Ulysse frémit de plaisir : il avait donc, en cette compétition, quelqu'un pour l'encourager ! Et, d'un cœur plus léger, il s'adressa aux Phéaciens :

« *À vous maintenant d'atteindre ce but, jeunes gens. Bientôt je lancerai un autre disque, aussi loin, et même plus loin. Et si cela tente l'un de vous, qu'il vienne contre moi éprouver sa force, à la boxe, à la lutte ou*

Notes
1. **éloquence** : art de bien parler.
2. **novice** : sans expérience.
3. **armateurs** : propriétaires de navires.

à la course. Je relèverai le défi de n'importe quel Phéacien, à l'exception de Laodamas : il est mon hôte, et on ne peut se battre contre un ami. Il faut être insensé, homme de rien, pour concourir aux jeux contre celui qui vous accueille en terre étrangère : c'est indigne. Mais, en dehors de lui, je ne dédaignerai, je ne négligerai aucun adversaire. Qu'il vienne donc soutenir mon regard, qu'il ose se mesurer à moi ! je suis loin d'être mauvais aux différents jeux que pratiquent les hommes. Mais c'est dans le maniement de l'arc bien poli que j'excelle surtout. Quand j'ajuste mon homme dans la mêlée, ma flèche l'atteint du premier coup, même si ses compagnons d'armes, autour de lui, me criblent[1] *de leurs traits*[2]. *Quant au javelot, je l'envoie aussi loin qu'un autre lance sa flèche. C'est seulement à la course que je crains d'être battu par un des Phéaciens : la violence des vagues m'a terriblement affaibli, car je n'avais pas assez de provisions à bord, et je tiens à peine sur mes jambes. »*

Ainsi dit-il, et tous demeurèrent silencieux. [...]

[La fête continue. L'aède[3] chante de nouveau, il chante l'amour d'Arès et d'Aphrodite. Puis chacun des douze rois, ainsi qu'Arété, offre à Ulysse un somptueux cadeau. Après que des servantes l'ont baigné, frotté d'huile et vêtu d'une robe et d'un beau manteau, Ulysse retourne auprès d'Alkinoos.]

Quand ils eurent apaisé leur soif et leur appétit, l'ingénieux Ulysse s'adressa à l'aède Démodokos :

« Démodokos, je te tiens en grand honneur parmi les hommes. Il faut que tu aies appris ton art de la Muse, fille de Zeus, ou d'Apollon, pour avoir si bien chanté l'infortune[4] *des Achéens. Mais change de sujet, chante-nous l'histoire du cheval de bois que le divin Ulysse introduisit par ruse dans l'acropole*[5], *avec son chargement de soldats, pilleurs*

---

1. **criblent** : percent de toutes parts.
2. **traits** : projectiles lancés par une arme de jet.
3. **aède** : poète qui chante ses œuvres en s'accompagnant de la cithare.
4. **infortune** : malheurs.
5. **acropole** : partie élevée d'une cité, servant de citadelle.

d'Ilion[1]. *Si tu développes cet épisode point par point, j'irai clamer partout qu'un dieu, dans sa bienveillance, t'insuffle*[2] *ce chant merveilleux.* »

Ainsi dit-il ; aussitôt l'aède, inspiré par le dieu, tissa son chant. Il commença au moment où les Argiens, en rangs sur leurs nefs, s'éloignaient de Troie, après avoir incendié leurs tentes. Mais, déjà, quelques-uns étaient cachés dans le cheval sur l'agora de Troie : ils étaient assemblés autour d'Ulysse, le-très-glorieux. Les Troyens eux-mêmes l'avaient tiré jusque dans leur acropole : le cheval était là, debout, et on échangeait des avis confus, assis tout autour. On hésitait entre trois solutions : allait-on, d'un coup de bronze impitoyable, fendre ce bois creux ? ou le tirer un peu plus pour le jeter du haut des roches ? ou bien encore le donner en offrande aux dieux afin de se les concilier[3] ? On finit par se rallier à[4] cette dernière solution, car le destin des Troyens était de périr, du jour où la ville avait admis dans ses murailles ce grand cheval de bois, chargé des meilleurs Argiens venus répandre le meurtre et la mort.

Alors l'aède chanta les Achéens jaillis du cheval, de l'embuscade creuse, pour saccager la ville et piller chacun un coin de la citadelle ; il chanta Ulysse marchant, tel Arès, sur la demeure de Déiphobe[5], en compagnie de Ménélas égal-aux-dieux : il osa là, dit-on, son plus terrible combat et dut la victoire à la généreuse Athéna.

Voilà ce que chantait l'illustre aède. Mais Ulysse était triste : des larmes coulaient de ses paupières sur ses joues. Il pleurait comme pleure une femme sur le corps de son mari, mort en avant des remparts, de son peuple, pour préserver du jour fatal[6] sa ville et ses enfants.

1. **Ilion** : autre nom de la ville de Troie dont le fondateur fut Ilos.
2. **insuffle** : inspire.
3. **se les concilier** : se les rendre favorables.
4. **se rallier à** : donner son accord à.
5. **Déiphobe** : fils de Priam et frère d'Hector.
6. **fatal** : qui apporte la mort.

À tous cependant il cacha ses larmes. Seul Alkinoos s'en aperçut, car il était assis près de lui et l'entendait sangloter.

[Alkinoos demande alors à l'aède de cesser son chant et interroge Ulysse pour qu'il dise son nom, son pays, ses aventures.]

Aède à la cithare.

Chant IX

[SOIRÉE DU JOUR 33 : RÉCITS D'ULYSSE CHEZ ALKINOOS]

1 L'ingénieux Ulysse fit à Alkinoos cette réponse :
« *Je ne sais par où commencer, par où finir le récit de mes aventures, car les dieux du ciel ne m'ont épargné aucune souffrance. Mais je vous dirai d'abord mon nom, ainsi vous le saurez tous et, si jamais j'échappe*
5 *au jour fatal, je resterai votre hôte, bien qu'habitant loin de vous.*
» *Je suis Ulysse, le fils de Laërte, dont tout le monde connaît l'esprit rusé et chante haut la gloire. J'habite une île, Ithaque, qui, malgré ses nombreux rochers, nourrit bien ses hommes, et il n'est pas de terre plus douce à mes yeux.* [...]
10 » *Écoutez maintenant l'atroce retour que me réserva Zeus depuis mon départ de Troie.*

[Après son départ de Troie, Ulysse et ses hommes pillent la ville des Kikones[1], mais le lendemain, attaqués par ces derniers, six hommes d'équipage trouvent la mort ; les autres reprennent la mer. Trois jours plus tard, les vaisseaux, emportés au-delà du cap Malée[2], abordent

---

Notes

1. Kikones : peuple de Thrace, allié des Troyens pendant la guerre de Troie.

2. cap Malée : cap situé au sud du Péloponnèse.

le pays des Lotophages[1]. Ceux-ci font goûter du lotos aux messagers d'Ulysse, provoquant ainsi l'oubli de leur patrie. Ulysse les ramène de force aux navires, les fait enchaîner, et ils repartent.]

[ULYSSE CHEZ LE CYCLOPE POLYPHÈME]

» Le cœur affligé, nous reprîmes la mer. Nous arrivâmes alors au pays des Cyclopes arrogants[2]. La confiance que ces hommes sans lois portent aux dieux immortels est si grande qu'ils ne font aucune plantation,
15 *aucun labour. Sans semailles, sans culture, tout pousse chez eux : blé, orge et vigne dont les grappes donnent un vin abondant grâce à la pluie de Zeus. Ils n'ont pas d'assemblée[3] pour délibérer ou rendre la justice ; ils habitent les cimes des montagnes, dans des grottes profondes, et chacun exerce sa loi sur sa femme et ses enfants, sans se soucier des autres [...].*
20 *Il n'y a pas, au pays des Cyclopes, de vaisseaux couleur-de-vermillon[4]. On n'y trouve aucun charpentier sachant construire une flotte au-bon-tirant-d'eau[5], si utile pour aller de ville en ville échanger des marchandises au-delà des mers. [...]*

» Quand nous fûmes plus près du rivage, nous aperçûmes, enfouie
25 *sous une voûte de lauriers, une grotte sur un promontoire[6] dominant la mer. De nombreux troupeaux de chèvres et de moutons étaient parqués là. Et il y avait, autour de l'enclos, une palissade faite de rocs fichés[7] en terre, de longs fûts[8] de pins et de chênes feuillus.*

» Un homme monstrueux vivait là. Seul, il menait paître au loin ses
30 *moutons. Il ne fréquentait personne, mais restait à l'écart, sans se soucier*

Notes

1. Lotophages : mangeurs de lotos, fruit merveilleux qui ressemble à une datte et qui procure l'oubli à ceux qui le mangent.
2. arrogants : orgueilleux et méprisants.
3. ils n'ont pas d'assemblée : ils ne se réunissent pas pour discuter et prendre des décisions communes.
4. vermillon : d'un rouge vif.

5. au-bon-tirant-d'eau : partie du bateau qui est sous l'eau et qui lui donne son équilibre.
6. promontoire : rocher élevé qui s'avance au-dessus de la mer.
7. fichés : plantés.
8. fûts : troncs d'arbres bien lisses.

des lois. Quel monstre abominable ! Il ne ressemblait pas à un mangeur de pain, mais plutôt au sommet boisé d'une haute montagne.

» En débarquant, j'ordonnai à mon fidèle équipage de rester près du navire pour le surveiller. Puis je me mis en route avec douze de mes meil-
35 *leurs compagnons. J'avais emporté une outre*[1] *en peau de chèvre, remplie d'un vin noir très agréable. C'était un vin des plus purs, une boisson digne des dieux. En mélangeant vingt mesures d'eau à une coupe de ce vin, on obtenait un vin rouge doux-comme-le-miel, et du cratère*[2] *montait une odeur divine, d'une irrésistible douceur.*

40 *» Nous atteignîmes rapidement l'antre*[3]*, mais le Cyclope n'y était pas : il était parti faire paître ses gras troupeaux. Une fois à l'intérieur, nous examinâmes tout : les claies*[4] *ployaient*[5] *sous le poids des fromages et les stalles*[6] *étaient pleines d'agneaux et de chevreaux. Les bêtes étaient réparties par groupes : les petits d'un côté, les plus grands d'un autre et les plus*
45 *vieux d'un autre encore. Toutes les jattes*[7] *débordaient de petit-lait*[8]*. [...]*

» En l'attendant, nous prîmes des fromages et les mangeâmes, assis dans l'antre. Quand le Cyclope rentra du pâturage, il portait un lourd fardeau de bois sec qui lui servirait à préparer son repas : il le jeta bruyamment à l'intérieur et nous reculâmes, effrayés, au fond de l'antre. Il
50 *poussa dans la vaste caverne toutes les grasses brebis qu'il voulait traire, laissant les mâles, boucs et béliers, près de la porte, dans un profond enclos. Puis il souleva un immense bloc de pierre avec lequel il ferma l'entrée. Cette pierre était si lourde que vingt-deux solides chars à quatre roues n'auraient pu la lever du sol !*

55 *» Il s'assit, se mit à traire ses brebis et ses chèvres bêlantes, en bon ordre, et plaça sous chaque mère un nouveau-né. Puis il recueillit dans des corbeilles tressées la moitié du lait blanc qu'il avait fait cailler. L'autre*

Notes

1. **outre** : sac en peau de bouc pour transporter les liquides.
2. **cratère** : grand vase à deux anses dans lequel on mélangeait l'eau et le vin.
3. **antre** : caverne qui sert d'abri aux bêtes sauvages.
4. **claies** : treillages ajourés servant d'étagères.
5. **ployaient** : se courbaient.
6. **stalles** : emplacements pour les animaux.
7. **jattes** : larges vases sans rebord pour recueillir le lait.
8. **petit-lait** : liquide qui s'égoutte du lait en train de cailler.

moitié, il la versa dans des jattes, pour la boire pendant son repas et quand il aurait soif.

» Il eut vite fait d'achever sa besogne. Il alluma alors un feu, nous aperçut et nous demanda :

"Étrangers, qui êtes-vous ? D'où venez-vous sur les routes humides ? Naviguez-vous pour quelque négoce, ou bien allez-vous à l'aventure, tels des pirates qui, au péril de leur vie, vont porter le malheur en terre étrangère ?"

» Il dit ; notre cœur frissonna d'épouvante devant la puissance de sa voix et l'immensité de sa taille. Je lui répondis cependant :

"Nous sommes des Achéens venant de Troie. Les vents nous ont égarés sur le gouffre de la mer, alors que nous voulions rentrer chez nous. Nous sommes fiers d'être des soldats de l'atride Agamemnon, dont la gloire s'élève jusqu'au ciel, depuis qu'il a renversé une ville superbe et tué d'innombrables ennemis. Mais, à genoux, nous te supplions de nous accueillir et de nous offrir un présent, comme le veut la loi de l'hospitalité. Crains les dieux, ô notre ami, car nous sommes tes suppliants, et Zeus protège les suppliants et les étrangers."

» Je dis ; mais ce cœur cruel me répondit :

"Es-tu sot, étranger, ou viens-tu de si loin, pour m'inciter à craindre les dieux et à éviter leur colère ? Les Cyclopes n'ont nul souci de Zeus qui-tient-l'égide, ni des dieux bien-heureux, car nous sommes bien plus forts qu'eux. [...]"

» Il bondit alors sur mes compagnons, en saisit deux entre ses mains et les précipita contre le sol, comme des petits chiens. Leur cervelle, en s'écrasant, éclaboussa la terre. Puis il les découpa en morceaux, pour en faire son souper. Il les mangea, tel un lion des montagnes, sans rien laisser : ni les entrailles, ni les chairs, ni les os remplis de moelle. Nous autres, épouvantés et impuissants devant tant d'horreurs, pleurions en implorant Zeus.

» *Quand le Cyclope eut rempli son énorme panse[1] de chair humaine et de lait pur, il s'allongea dans son antre au milieu de ses bêtes. Moi, je réfléchissais, rassemblant mon courage. Allais-je me jeter sur lui, dégainer mon épée aiguisée et le frapper au ventre, à la jonction du diaphragme et du foie, après avoir tâté l'endroit de ma main ? Mais une pensée me retint. Nous allions trouver là une mort atroce, car nos bras seraient incapables de dégager le lourd rocher placé par le Cyclope devant la haute entrée !*

» *En gémissant, nous attendîmes donc l'aurore divine. Et quand parut Aurore aux-doigts-de-rose, fille du matin, le Cyclope alluma un feu, se mit à traire ses bêtes, en bon ordre, et plaça les nouveau-nés sous leur mère. Il eut vite fait d'achever la besogne ; mais ensuite, il saisit deux de mes compagnons et les dévora ! Une fois repu[2], il fit sortir ses gras troupeaux de son antre : il n'avait eu aucun mal à pousser l'immense porte d'entrée et l'avait aussitôt replacée, sans plus d'effort que s'il avait remis le couvercle d'un carquois[3]. Le Cyclope alors dirigea en sifflant ses gras troupeaux vers la montagne. Moi, je restais là, à méditer comment provoquer son malheur ; et voici le plan qu'en mon esprit je jugeai le meilleur.*

» *Il y avait là, contre l'enclos, la grande massue du Cyclope : c'était un tronc d'olivier encore vert qu'il utiliserait une fois sec. À la voir, on aurait dit le mât d'un noir vaisseau à vingt rameurs, d'un de ces navires marchands qui franchissent le gouffre de la mer. Elle avait, à nos yeux, même longueur et même épaisseur. Je m'approchai pour en couper la valeur d'une brasse[4] et la passai à mes compagnons pour qu'ils l'équarrissent[5]. Quand ils l'eurent polie, je vins en aiguiser la pointe ; je la fis aussitôt durcir sur des braises ardentes et la cachai sous l'énorme tas de fumier qui gisait[6] épars[7] dans la vaste caverne. Puis je fis tirer au sort*

Notes

1. **panse** : large ventre d'un animal.
2. **repu** : qui a satisfait sa faim.
3. **carquois** : boîte où sont rangées les flèches.
4. **brasse** : longueur de deux bras mis à l'horizontale, environ 1 m 60.
5. **équarrissent** : rabotent, rendent plate et lisse.
6. **gisait** : était répandu.
7. **épars** : dispersé, éparpillé.

ceux de mes compagnons qui auraient assez d'audace pour soulever avec moi ce pieu[1] et l'enfoncer dans l'œil du Cyclope, une fois que le doux sommeil se serait emparé de lui. Le sort désigna ceux que j'aurais moi-même choisis : ils étaient quatre, et je me joignis à eux comme cinquième.

» *Le soir, le Cyclope revint avec ses troupeaux à-l'épaisse-toison. Il poussa toutes ses bêtes dans la vaste caverne, sans en laisser une seule dans le creux de la cour : était-ce la méfiance ou bien un dieu qui le faisait agir ainsi ? Après avoir placé l'énorme rocher devant l'entrée, il s'assit, se mit à traire ses brebis et ses chèvres bêlantes, en bon ordre, puis plaça les nouveau-nés sous leur mère. Il eut vite fait d'achever la besogne ; mais il saisit ensuite deux de mes compagnons et en fit son souper. À ce moment, je m'approchai de lui, les mains chargées d'une coupe de vin noir :*

"*Bois donc ce vin, Cyclope, pour mieux digérer toutes ces chairs humaines. Tu sauras ainsi quelle boisson renfermait notre navire. Je te l'aurais offert en libation, si tu avais eu pitié de moi et favorisé mon retour. Mais ta folie dépasse les bornes, malheureux ! Qui pourra désormais venir chez toi, quand on saura comment tu t'es conduit ?*"

» *À ces mots, il prit la coupe de vin et la vida d'un trait. Le doux breuvage lui plut tellement qu'il en réclama :*

"*Sois gentil, donne-m'en encore, et puis dis-moi ton nom : je te ferai plaisir en t'offrant un cadeau d'hospitalité. La vigne qui pousse sur la terre à blé des Cyclopes produit de belles grappes de raisin, grossies par la pluie de Zeus ; mais ça, c'est un extrait d'ambroisie[2], un pur nectar[3] !*"

» *À ces mots, je lui versai une nouvelle rasade[4] de mon vin couleur-de-feu. Trois fois je lui en offris, trois fois il le but goulûment[5], le pauvre fou ! Mais dès que le vin eut troublé son esprit, je lui tins ce discours enrobé de miel :*

Notes

1. **pieu** : pièce de bois droite dont un des bouts est pointu.
2. **ambroisie** : nourriture des dieux.
3. **nectar** : boisson des dieux.
4. **rasade** : quantité de boisson servie à ras bord.
5. **goulûment** : avec avidité.

Odyssée de Homère

"Cyclope, puisque tu veux savoir mon nom illustre, je vais te le dire ; mais toi, donne-moi un cadeau d'hospitalité, comme tu me l'as promis. Mon nom est Personne[1]. Personne, oui, c'est ainsi que m'appellent ma mère, mon père ainsi que tous mes amis."

» *Je dis ; et ce cœur impitoyable me répondit :*

"Eh bien, je mangerai Personne en dernier, après tous ses compagnons : les autres passeront avant toi, voilà ce que j'ai à t'offrir."

» *Puis il chancela et tomba à la renverse ; son cou énorme s'inclina, et le sommeil le terrassa. Son gosier vomissait du vin et des morceaux de chair humaine. Et il rotait, l'infâme ivrogne ! Aussitôt, je saisis le pieu et le mis à chauffer sous le tas de cendres, tout en rassurant mes compagnons, de peur qu'ils ne cèdent à la panique et ne m'abandonnent.*

» *Quand le pieu d'olivier fut sur le point de brûler – le bois, quoique vert, lançait déjà des flammes –, je le retirai du feu. Mes compagnons firent cercle autour de moi : une divinité leur avait insufflé un grand courage, si bien qu'ils saisirent le pieu aiguisé par le bout et l'enfoncèrent dans l'œil du Cyclope. Moi, je pesais dessus de tout mon poids et le faisais tourner, comme on perce la poutre d'un navire avec une tarière[2]. Ils tournaient et retournaient le pieu rougi au feu dans l'œil du Cyclope. Le sang giclait autour du bois brûlant. Jaillie de sa prunelle en feu, la vapeur faisait griller ses paupières et ses sourcils : son œil grésillait[3] jusqu'à la racine.*

» *Il hurla comme une bête fauve : les roches alentour retentirent. Épouvantés, nous avions reculé au fond de la caverne, tandis qu'il arrachait de son œil le pieu trempé de sang, et qu'il le rejetait au loin, d'un geste affolé.*

» *À grands cris il appela les Cyclopes qui habitaient dans les grottes des alentours, sur les cimes battues des vents. Ameutés par ces cris,*

Notes

1. Personne : en grec, « outis », mot à rapprocher de « métis », la ruse. Ulysse joue sur les mots.

2. tarière : instrument qui sert à percer le bois.

3. grésillait : crépitait sous l'action de la chaleur.

ceux-ci accoururent de tous côtés et, restés à l'extérieur de la caverne, lui demandèrent quel était son mal :

"Pourquoi donc, Polyphème, pousses-tu ces hurlements de douleur dans la nuit divine ? Pourquoi troubles-tu ainsi notre sommeil ? Chercherait-on à voler ton troupeau ? Chercherait-on à porter atteinte à ta personne par la force ou la ruse ?"

» *Du fond de son antre, le puissant Polyphème leur répondit :*

"C'est par la ruse, et non par la force, qu'on veut me tuer, mes amis, et c'est l'œuvre de Personne."

» *Ceux-ci lui adressèrent alors ces mots ailés :*

"Si tu es seul et que personne ne te fait violence, nous ne pouvons rien contre la maladie que t'envoie le grand Zeus. Adresse plutôt tes prières à Poséidon, ton père souverain."

» *Sur ces mots, ils s'éloignèrent ; et moi je riais en moi-même : ce nom de Personne et ma personne avisée les avaient bien trompés !*

» *Avec des gémissements et des cris de douleur, le Cyclope vint à tâtons*[1] *pousser le rocher qui servait de porte. Il s'assit en travers de l'entrée, et étendit ses bras pour happer*[2] *celui d'entre nous qui s'aviserait de sortir dans le flot du troupeau : il me croyait assez stupide pour m'y risquer !*

» *De mon côté, je réfléchissais au meilleur moyen de nous sauver de la mort, mes compagnons et moi-même. J'envisageais toutes les ruses, toutes les possibilités : il y allait de notre vie, et un sort horrible nous attendait ! Et voici le plan qu'en mon esprit je jugeai le meilleur. Il y avait là des béliers bien nourris, pourvus d'une épaisse toison. Sans faire de bruit, je les attachai trois par trois avec les tresses d'osier qui servaient de paillasse au Cyclope, ce monstre sans justice. Le bélier du milieu portait un de mes hommes, et les deux autres, placés de chaque côté, assuraient son salut. Il y avait donc trois béliers pour chacun de mes hommes. Quant à moi, je me réservai le plus fort bélier du troupeau. L'ayant saisi par les reins, je me glissai sous son ventre, et demeurai suspendu là, caché*

Notes

1. à tâtons : en touchant avec les mains.   **2. happer :** saisir vivement.

dans sa toison[1]. *Je me cramponnai à sa laine merveilleuse, avec toute la force de mes mains, avec toute l'énergie de mon âme.*

» *Quand parut Aurore aux-doigts-de-rose, fille du matin, les béliers bondirent vers les pâturages. Les femelles, que le Cyclope n'avait pas traites et dont les pis étaient gonflés, bêlaient dans des stalles. Le maître du troupeau, tout en souffrant atrocement, tâtait le dos de toutes ses bêtes qui se tenaient bien droites. Quel sot! il n'avait pas idée que mes hommes puissent être attachés sous la toison de ses moutons! Mon bélier, alourdi par le poids de sa laine et de ma personne fort rusée, fut le dernier à sortir.*

» *Comme il passait sa main sur son dos, le puissant Polyphème lui dit :*

"Doux bélier, pourquoi donc sors-tu de l'antre après tous les autres? Habituellement, tu ne traînes jamais : tu es toujours le premier à gambader vers les tendres herbes des pâturages, le premier à t'abreuver dans le cours des rivières, le premier aussi à vouloir rentrer à l'étable, le soir. Et te voilà maintenant le dernier! Souffres-tu pour ton maître, qu'un scélérat et ses misérables compagnons ont enivré afin de le rendre aveugle? Mais ce Personne, crois-moi, n'échappera pas à la mort. Ah! si tu devinais mes pensées, si tu pouvais parler, tu me dirais où il a fui ma fureur! Je lui écraserais la tête contre le sol, sa cervelle giclerait partout dans mon antre, et cela me soulagerait des souffrances que m'inflige ce scélérat[2] de Personne!"

» *À ces mots, il poussa dehors le bélier.*

» *Quand nous fûmes à quelque distance de l'antre et de la cour, je me dégageai le premier de dessous le bélier, puis détachai mes compagnons. Avec force détours, nous poussâmes jusqu'au navire les gras moutons à-la-démarche-trottinante. Quelle joie pour nos compagnons de nous revoir sains et saufs! mais quels pleurs aussi sur nos autres malheureux compagnons!*

Notes

1. toison : laine des moutons. **2. scélérat :** criminel.

[Ulysse et ses compagnons poussent les brebis dans le navire et sautent à bord. Pendant que la rame bat le flot qui blanchit sous les coups, Ulysse se moque du Cyclope et plein d'audace lui dévoile son nom. Aussitôt, Polyphème lui lance d'énormes rochers, puis invoque son père Poséidon pour qu'Ulysse perde tous ses navires et tous ses compagnons, et que de retour à Ithaque, de nouveaux malheurs s'abattent sur lui.]

Deux faces d'un vase grec du Vᵉ siècle av. J.-C. :
l'histoire d'Ulysse et du Cyclope. Musée du Louvre.

Au fil du texte

Questions sur le chant IX – Le cyclope (pages 60 à 69)

Que s'est-il passé entre-temps ?

1. Au chant VI, quel personnage vient en aide à Ulysse et quelle impression produit-il ?

2. Au chant VII, qui conduit Ulysse au palais d'Alkinoos et sous quelle apparence ?

3. Que promet Alkinoos à Ulysse ?

4. Quelle épreuve passée Ulysse raconte-t-il à ses hôtes ?

5. Qui se charge, au chant VIII, de raconter une autre aventure d'Ulysse et quelle est la réaction d'Ulysse à ce récit ?

6. À quelle époque nous ramènent les récits d'Ulysse au chant IX ? Nommez le procédé employé.

Avez-vous bien lu ?

7. Où demeure le Cyclope ? Donnez des indications précises.

8. Quelles sont ses occupations habituelles ?

9. Quelles sont les réactions d'Ulysse et de ses compagnons pendant que le Cyclope dévore deux d'entre eux ? Se comportent-ils en héros ?

10. Quelles décisions successives prend Ulysse face aux dangers ? De quelles qualités sont-elles la preuve ?

11. Qui est le père de Polyphème ? Est-ce important pour Ulysse ?

12. Combien de temps Ulysse passe-t-il dans la grotte ? Notez les indications temporelles.

13 Qu'est-ce qui va provoquer les malheurs à venir d'Ulysse ?

14 À travers la présentation des Cyclopes, Homère nous décrit ce qu'est, pour lui, le contraire d'un peuple civilisé. Retrouvez les principales caractéristiques d'un peuple civilisé selon Homère.

ÉTUDIER LE VOCABULAIRE ET LA GRAMMAIRE

15 Relevez les mots appartenant au champ lexical* du feu et regroupez-les en nommant leur classe grammaticale.

*champ lexical : ensemble des mots qui se rapportent à une notion donnée.

ÉTUDIER LE GENRE

16 Réalisme et merveilleux : à quoi voit-on que le Cyclope est un géant ?

17 De quel personnage de conte peut-on rapprocher le Cyclope ? À quelle force naturelle peut-on aussi le comparer ?

À VOS PLUMES !

18 Le Cyclope est comparé successivement à un élément de la nature et à deux animaux. Retrouvez ces comparaisons. À quoi servent-elles ?

19 Dans l'expression, *« discours enrobé de miel »*, un mot concret, *« miel »*, vient compléter un mot abstrait, *« discours »*.
Expliquez le sens de cette expression, puis inventez-en une autre sur le même modèle.

Chant X

[NUIT DU JOUR 33 : ULYSSE CHEZ ÉOLE]

[Ulysse gagne l'île du dieu Éole qui le reçoit avec bienveillance pendant un mois. Pour aider son retour, il enferme dans un sac les vents dont il est le maître et les attache au navire. Seul le Zéphyr est chargé de pousser le bateau. Au bout de neuf jours, en vue des côtes d'Ithaque, l'équipage, à l'insu d'Ulysse, ouvre le sac et les vents repoussent la flotte vers Éolie. Éole renvoie sèchement Ulysse. Six jours plus tard, il aborde le pays des Lestrygons. Ses éclaireurs sont poursuivis par des géants mangeurs d'hommes qui tuent les marins et fracassent, à coups de pierres, la flotte presque entière. Le navire d'Ulysse, seul, échappe au massacre.]

[ULYSSE CHEZ CIRCÉ]

1 » *Nous parvînmes alors à l'île d'Aiaié, où demeure Circé aux-belles-boucles, la redoutable déesse à-voix-humaine. Circé est la sœur du perfide*[1] *Aiétès*[2]. *Tous deux doivent le jour à Hélios, qui éclaire les hommes, et à Persé, une nymphe Océanide.*

Notes

1. **perfide** : trompeur.

2. **Aiétès** : roi de Colchide, père de la terrible magicienne Médée.

[Trois jours plus tard, après avoir restauré les forces de son équipage en tuant un cerf, Ulysse envoie en exploration un détachement de vingt-deux hommes commandé par Euryloque.]

» Ils trouvèrent, isolée au fond d'un vallon, la demeure de Circé, bâtie en pierres lisses. Autour erraient[1] des lions et des loups des montagnes : c'étaient des hommes que Circé avait ensorcelés avec ses drogues[2] abominables. Ils n'agressèrent pas mes compagnons, mais vinrent au contraire se frotter doucement contre eux en remuant leur longue queue.

» Circé chantait à l'intérieur, et sa voix magnifique dominait le bruit du métier sur lequel elle tissait une grande toile, où l'on reconnaissait la finesse, la grâce et l'éclat des ouvrages des déesses.

» À l'appel de mes hommes, Circé accourut aussitôt leur ouvrir ses portes brillantes. Elle les invita, et tous la suivirent. Quels imprudents ! Seul Euryloque refusa d'entrer : il flairait un piège. Elle les fit s'installer sur des sièges et des fauteuils ; puis, ayant pris du vin de Pramnos, elle y mélangea du fromage, de la farine et du miel clair auxquels elle ajouta une drogue funeste, afin qu'ils oublient à tout jamais leur patrie.

» Elle leur tendit le breuvage, qu'ils burent avidement. Aussitôt elle leur donna un coup de baguette, et ils se retrouvèrent enfermés dans des étables à cochons ! Ils avaient des têtes, des grognements et des soies[3] de cochons ; ils en avaient pris l'aspect, mais conservaient intact leur esprit de mortel.

» Ils étaient bouclés là, pleurant toutes leurs larmes. Et Circé leur jetait en pâture[4] des glands, des faînes et des cornouilles[5], tout ce qu'on donne à manger aux cochons, vautrés[6] à même le sol.

» Euryloque s'empressa alors de regagner le noir vaisseau, désirant nous informer du triste sort réservé à nos compagnons.

[Euryloque fait son rapport. Ulysse prend son glaive, son arc et s'élance chez Circé.]

Notes
1. **erraient** : allaient sans but.
2. **drogues** : poisons.
3. **soies** : poils du porc et du sanglier.
4. **en pâture** : comme nourriture.
5. **glands, faînes, cornouilles** : fruits du chêne, du hêtre et du cornouiller.
6. **vautrés** : couchés sur le sol dans une position abandonnée.

Chant X, [Ulysse chez Circé]

» *Au moment où j'allais atteindre la demeure de Circé l'enchante-*
30 *resse[1], je rencontrai Hermès-à-la-baguette-d'or qui avait pris les traits d'un jeune homme.*

» *M'ayant saisi la main, il me dit ces paroles :*

"Où vas-tu, malheureux, seul parmi ces collines ? Chez Circé ? délivrer tes hommes qu'elle a transformés en cochons et
35 parqués au fond d'étables bien closes ? Mais allons, je veux te sauver du danger. Tiens, avec cette herbe de vie, tu peux aller chez Circé : sa vertu[2] te préservera du jour fatal. Écoute bien mes conseils : quand la déesse t'aura frappé avec sa longue baguette, dégaine l'épée aiguisée qui pend le long de ta cuisse, et
40 précipite-toi sur Circé, comme si tu allais la tuer. Épouvantée, elle t'invitera à partager son lit. Ne refuse pas, car elle seule peut délivrer tes compagnons et te ramener chez toi ; mais fais-lui auparavant prêter le grand serment des dieux[3] qu'elle ne cherchera plus à te faire de mal."

45 » *À ces mots, l'éblouissant messager me donna une herbe qu'il avait arrachée du sol [...], puis regagna les sommets de l'Olympe.*

» *L'esprit inquiet, je gagnai alors la demeure de Circé. Je m'arrêtai sous le porche de la déesse-aux-belles-boucles, et criai pour l'appeler.*

» *Aussitôt Circé accourut m'ouvrir ses portes brillantes. Elle m'invita,*
50 *et je la suivis. Quel effroi[4] dans mon cœur ! Elle me fit installer sur un fauteuil orné de clous d'argent. Puis elle prépara, dans une coupe en or, le mélange que je devais boire et, tramant[5] son affreux dessein[6], y ajouta une drogue.*

» *Elle me tendit le breuvage, que je bus avidement, mais il n'avait*
55 *sur moi aucun pouvoir. Elle me frappa alors de sa baguette, ajoutant ces mots :*

"Va dans l'étable à cochons, va rejoindre tes compagnons !"

Notes

1. **enchanteresse** : magicienne.
2. **sa vertu** : son pouvoir.
3. **grand serment des dieux** : le dieu qui ne le respecte pas est privé de souffle pour un an, et de festin pour neuf ans.
4. **effroi** : grande peur.
5. **tramant** : combinant.
6. **dessein** : projet.

» Elle dit; mais moi je dégaine le glaive[1] *aiguisé qui pendait le long de ma cuisse, et me précipite sur Circé, comme si j'allais la tuer. Elle pousse alors un grand cri, et tombe à mes genoux. Suppliante, elle m'adresse ces paroles ailées :*

"Quel prodige[2] ! Tu as bu et tu n'es pas ensorcelé ! Avant toi, je n'ai vu aucun homme résister à ce breuvage, après y avoir trempé ses lèvres ! C'est donc toi Ulysse, l'homme à-l'esprit-inventif ? Hermès à-la-baguette-d'or m'avait prévenue que tu viendrais ici, porté par ton noir vaisseau, à ton retour de Troie. [...] Mais allons ! rengaine ton épée, et viens dormir à mes côtés."

» Mais moi, je ne montai sur le lit magnifique de la déesse qu'après lui avoir fait jurer le grand serment. [...]

» Plus tard, après m'avoir baigné et enduit d'huile fine, Circé me revêtit d'une tunique et d'un beau manteau. Elle m'installa alors sur un fauteuil orné de clous d'argent, magnifiquement ouvragé, puis m'invita à manger. Mais je n'en avais nulle envie, et lui dis :

"Si tu désires vraiment que je boive et que je mange, alors délivre mes fidèles compagnons, je veux les revoir."

» À ces mots, Circé prend sa baguette, traverse la grande salle et va ouvrir les étables. Elle en fait sortir mes compagnons, aussi gras que des cochons de neuf ans. Ils se dressent sur leurs pattes, face à Circé, qui va de l'un à l'autre, les enduisant d'une autre drogue. Je les vois alors perdre les soies qu'avait fait pousser le funeste breuvage offert par la déesse. Et les voici redevenus des hommes, mais plus jeunes, plus beaux et plus grands qu'avant ! Ils me reconnaissent : nous nous serrons les mains, et nos cris de joie sont entrecoupés de sanglots. Quel terrible vacarme dans la maison de Circé ! Mais la déesse elle aussi était émue. [...]

» Une année entière, nous restâmes là, assis en des banquets où nous nous régalions de viande et de doux vin. Mais, quand l'année arriva à son terme, et que revint le printemps, mes fidèles compagnons me dirent :

Notes

1. **glaive** : courte épée à deux tranchants.   2. **prodige** : événement extraordinaire.

"Malheureux, c'est l'heure maintenant de songer à ta patrie, si les dieux t'accordent le salut[1] et le retour dans ta haute demeure, sur ta terre natale."

» Ils dirent, et mon cœur vaillant se laissa persuader. je montai alors dans le lit magnifique de Circé, et la suppliai à genoux. La déesse écouta mes paroles :

"Circé, accomplis la promesse que tu m'avais faite, laisse-moi rentrer chez moi. J'y aspire[2] de tout mon cœur, ainsi que mes compagnons, qui m'assaillent[3] de leurs plaintes et de leurs larmes, dès que tu t'es éloignée."

» Je dis ; aussitôt la-toute-divine me répondit :

"Fils de Laërte, Ulysse l'avisé[4], je ne veux pas que vous restiez chez moi contre votre gré[5]. Mais il vous faut d'abord prendre une autre route et gagner la demeure d'Hadès et de la terrible Perséphone, afin d'y consulter l'âme du Thébain Tirésias. Ce devin[6] aveugle a conservé toute sa sagesse : il est le seul à qui Perséphone ait permis de garder dans la mort tout son sens ; les autres ne sont plus qu'un vol d'ombres."

[Circé indique à Ulysse le séjour d'Hadès, sur les bords de l'Océan. Il devra faire un sacrifice pour attirer l'ombre de Tirésias et apprendre de lui le chemin du retour.]

Notes

1. **le salut** : la vie sauve.
2. **j'y aspire** : je le souhaite.
3. **qui m'assaillent** : qui m'accablent.
4. **avisé** : qui réfléchit avant d'agir.
5. **contre votre gré** : contre votre volonté.
6. **devin** : personne qui a le don de prévoir l'avenir.

Circé (Liliana Conçalves) et Ulysse (Stéphane Gallet)
(Cie Ecla Théâtre, 1998).

Au fil du texte

Questions sur le chant X – Ulysse chez Circé (pages 72 à 77)

Que s'est-il passé entre-temps ?

1) Quelle aide Éole a-t-il apportée à Ulysse ?

2) Pourquoi, malgré l'aide d'Éole, Ulysse et ses compagnons n'ont-ils pas atteint l'île d'Ithaque ?

3) Après cette mésaventure, combien reste-t-il de bateaux à Ulysse ?

Avez-vous bien lu ?

4) En quoi Circé a-t-elle transformé les hommes qui ont abordé dans son île, ainsi que les compagnons d'Ulysse ?

5) Tous les compagnons d'Ulysse sont-ils transformés ? Pourquoi ?

6) Quelles sont les ressources magiques de Circé et quels sont leurs effets ?

7) Avec quels moyens Ulysse lutte-t-il contre Circé ?

8) Quelle image le lecteur garde-t-il de Circé après sa soumission à Ulysse ? Justifiez votre réponse.

9) De quelle qualité Ulysse fait-il preuve lignes 71 à 75 ?

10) Combien de temps Ulysse reste-t-il chez Circé ?

11) Que doit faire Ulysse avant de regagner Ithaque ?

12) Donnez le nom et la fonction des deux personnages de l'*Odyssée* qui sont aveugles.
Quel est leur point commun ?

ÉTUDIER LA GRAMMAIRE

> ** connecteur temporel :* mot, expression ou membre de phrase assurant un lien chronologique entre les étapes d'un récit.

13) Distinguez les différents épisodes de cette aventure en relevant les connecteurs temporels*. Donnez leur classe grammaticale.

ÉTUDIER LE DISCOURS

14) Qui fait ce récit ? À qui est-il fait ? Dans quel lieu ? Quand ? Quand cette aventure s'est-elle passée ?

ÉTUDIER LE GENRE

15) Le merveilleux : quels détails font ressembler les hommes à des bêtes ?

16) Quels indices permettent néanmoins de reconnaître des hommes en eux ?

17) Que peuvent bien signifier ces métamorphoses ?

18) Cherchez dans des contes des magiciennes ou des êtres malfaisants qui savent transformer des êtres humains en animaux, ou l'inverse. Donnez leurs noms, les titres des contes et les noms de leurs auteurs. Puis répondez aux questions suivantes :

Qui est transformé ?	En quoi ?	Par qui ? Avec quels moyens ?	Pourquoi ?	Comment peut-il retrouver son apparence première
....	....	....	....	....

ÉTUDIER LA PLACE DE L'EXTRAIT DANS L'ŒUVRE

19) Rapprochez l'aventure chez Circé de celle chez Calypso. Comparez les lieux, les personnages et l'attitude du héros.

Chant XI

[NUIT DU JOUR 33 : DESCENTE AUX ENFERS]

[L'équipage d'Ulysse, affligé par la destination que ce dernier lui assigne, embarque avec un agneau et une brebis pour le sacrifice. Le vent pousse le navire vers le pays des morts.]

1 » *Tout le jour nous voguâmes à pleines voiles. Au Soleil couchant, à l'heure où l'ombre emplit les rues, notre navire toucha aux confins[1] de l'Océan. Là se trouvent le peuple et la cité des Morts, noyés dans de profondes ténèbres[2], car jamais le Soleil n'y dirige son lumineux regard.*

5 » *Nous tirâmes notre vaisseau au bord, déchargeâmes les bêtes, puis longeâmes le cours de l'Océan jusqu'à l'endroit indiqué par Circé. Je saisis alors mon épée et creusai une fosse large d'une coudée[3] environ. Tout autour, je versai une libation aux morts, avec du lait mêlé de miel d'abord, puis du vin doux et de l'eau pure pour finir. Je répandis*
10 *ensuite de la farine blanche sur la fosse et invoquai tous les morts, leur promettant, à mon retour en Ithaque, de leur sacrifier la plus belle de mes génisses, sur un bûcher rempli d'offrandes. La prière finie, je saisis les bêtes et les égorgeai sur la fosse : le sang noir coula à flots et, du fond de*

Notes

1. **aux confins** : aux extrémités.
2. **ténèbres** : obscurité.
3. **coudée** : longueur d'environ cinquante centimètres.

l'Érèbe[1], *les âmes des morts affluèrent*[2]. *Mais, avec mon épée, j'empê-*
15 *chai ces fantômes sans force d'approcher du sang, car je voulais d'abord interroger Tirésias.*

» *Bientôt je le vis venir, portant un sceptre*[3] *d'or. L'âme de Tirésias le Thébain me reconnut et me dit :*

"*Pourquoi donc, malheureux, as-tu quitté la lumière du So-*
20 *leil ? Pourquoi es-tu descendu chez les morts, en ce pays sans joie ? Mais, si tu veux que je te dise la vérité, éloigne-toi de la fosse, écarte ton épée aiguisée et laisse-moi boire le sang.*"

» *À ces mots, je reculai et remis au fourreau*[4] *mon épée à-clous-d'argent. Après avoir bu le sang noir, l'irréprochable*[5] *devin m'adressa*
25 *ces paroles :*

"*Tu désires le retour doux-comme-le-miel, noble Ulysse, mais un dieu, hélas, va te le rendre amer. Car je ne crois pas que l'Ébranleur-du-sol oublie sa rancune contre toi : depuis que tu as rendu son fils aveugle, il te voue*[6] *une haine farouche. Il se*
30 *peut cependant que vous rentriez, au terme de vos épreuves, si tu réussis à te maîtriser et à maîtriser tes compagnons quand ton navire bien charpenté, te sauvant du gouffre de la mer, t'aura conduit à l'île du Trident*[7]. *Vous trouverez là, aux pâturages, les bœufs et les gras troupeaux du Soleil, le dieu qui voit et entend*
35 *tout. Surtout n'y touchez pas, songez seulement au retour, et vous pourrez alors rentrer à Ithaque, au terme de vos épreuves. Mais si vous y touchez, je peux te prédire la perte de ton navire et de tes hommes. Tu en réchapperas, mais ton retour sera long et difficile : tu perdras tous tes compagnons, et devras utiliser*
40 *un navire étranger. Et puis, dans ta maison, tu trouveras le mal-heur : des hommes arrogants qui dévorent tes biens et courtisent*

Notes

1. **l'Érèbe** : les ténèbres des Enfers.
2. **affluèrent** : arrivèrent en grand nombre.
3. **sceptre** : bâton que portent les prêtres et les devins.
4. **fourreau** : étui dans lequel on range l'épée.
5. **irréprochable** : sans défaut.
6. **il te voue** : il te porte.
7. **l'île du Trident** : île aux trois promontoires. Est-ce la Sicile ?

ta femme avec des présents. Mais tu sauras punir leur insolence. Et quand tu auras, dans ton palais, tué les prétendants par la ruse ou la force, à la pointe de ton épée, tu devras à nouveau repartir, muni d'une bonne rame, jusqu'à ce que tu atteignes la contrée des gens ignorant la mer, l'usage du sel pour les aliments et celui des bonnes rames semblables aux ailes des navires. Mais je vais t'indiquer un signe infaillible[1]. Quand, sur le chemin, un voyageur te dira que tu tiens sur ta robuste épaule une pelle à battre les épis, tu devras planter en terre ta bonne rame et offrir à Poséidon un magnifique sacrifice : un bélier, un taureau et un puissant verrat[2]. Puis tu retourneras chez toi offrir de saintes hécatombes aux dieux immortels, maîtres-du-vaste-ciel. Enfin, une douce mort viendra, loin de la mer[3], mettre un terme à ta longue et opulente[4] vieillesse, et tu auras vu les peuples heureux autour de toi. Telle est la vérité. [...]"

» *Ayant achevé ses prédictions, l'âme de Tirésias regagna le royaume d'Hadès.* [...]

» *Vint alors l'âme de ma mère Anticlée : elle but le sang noir, me reconnut et m'adressa ces plaintes ailées :*

"Mon enfant, tu es en vie et te voici au royaume des ombres ? Pourtant, c'est un spectacle insoutenable pour les vivants. Nos deux mondes sont séparés par de larges fleuves et de violents courants, l'Océan tout d'abord, qu'on ne saurait franchir qu'avec un navire bien charpenté. Mais rentres-tu seulement de Troie, après tant d'années, errant à l'aventure sur ton vaisseau avec tes compagnons ? N'es-tu pas revenu à Ithaque, n'as-tu pas revu ta femme en ton palais ?"

» *Ainsi dit-elle ; et moi je lui fis cette réponse :*

"Ma mère, c'est la nécessité qui m'a conduit chez Hadès. je suis venu ici consulter l'âme du thébain Tirésias. Mais je n'ai

---

Notes
1. **infaillible** : qui ne peut tromper.
2. **verrat** : porc mâle.
3. **loin de la mer** : autre traduction possible : « à partir de la mer ». On dit que Télégone, fils de Circé et d'Ulysse, tua son père sans le connaître, après avoir débarqué à Ithaque.
4. **opulente** : riche.

pas encore revu l'Achaïe[1], ni foulé le sol natal. Je n'ai fait qu'errer misérablement, depuis que j'ai suivi le divin Agamemnon vers Ilion nourricière-de-beaux-chevaux pour y combattre les Troyens. Mais toi, parle-moi sans feinte[2] : quelle mort t'a donc cruellement domptée ? Est-ce une longue maladie ? Ou Artémis qui vint, armée de son arc, décocher[3] contre toi ses douces flèches ? Parle-moi aussi de mon père et de mon fils que j'ai laissés là-bas : mon pouvoir est-il resté entre leurs mains, ou bien est-il passé entre celles d'un autre ? Croit-on encore à mon retour ? Et ma femme, que fait elle ? Quelles sont ses pensées ? Est-elle restée auprès de son fils ? Veille-t-elle sur toutes nos richesses ? Ou bien a-t-elle épousé quelque prince achéen ?"

» Je dis ; et ma vénérable mère répondit aussitôt :

"Pénélope est toujours dans ton palais, mais elle souffre : ses jours et ses nuits se consument dans le chagrin et les larmes. Personne ne s'est encore emparé de ton pouvoir ; et Télémaque gère[4] tranquillement ton domaine, tenant son rang dans les riches festins. Quant à ton père, il vit désormais aux champs, il ne vient plus jamais en ville. Il se languit[5] de ton absence, et son chagrin va grandissant tandis que l'accable l'impitoyable vieillesse. Et ce n'est pas autrement que j'ai trouvé mon funeste sort. [...] C'est le chagrin, le souci, mon noble Ulysse, et ma douce affection pour toi qui m'ont coûté la vie."

» Elle dit ; et moi, dans mon tourment, je voulus étreindre[6] l'âme de ma défunte mère. Trois fois je m'élançai, avec toute la force de mon désir, trois fois elle glissa entre mes mains, semblable à une ombre ou un songe. Et je sentais une souffrance aiguë croître[7] dans mon cœur.

Notes

1. **l'Achaïe** : synonyme de Grèce.
2. **sans feinte** : sans tromperie.
3. **décocher** : lancer avec un arc.
4. **gère** : s'occupe de.
5. **il se languit** : il attend dans la tristesse.
6. **étreindre** : entourer de ses bras.
7. **croître** : grandir.

» *Je lui adressai alors ces mots ailés :*

"Chère mère, pourquoi refuses-tu mes étreintes ? Ne pouvons-nous pas, au royaume d'Hadès, soulager notre cœur en pleurant dans les bras l'un de l'autre ?"

» *Aussitôt ma vénérable mère répondit :*

"Hélas, mon enfant, la loi est la même pour tous les hommes, lorsqu'ils meurent : les chairs et les os ne sont plus retenus par les nerfs, ils sont détruits, consumés par le feu ardent, et, dès que la vie a abandonné les blancs ossements, l'âme, elle, se libère et s'envole. Mais allons, tu aspires à revoir la lumière du jour, va et garde cela en mémoire, afin de l'apprendre à ta femme quand tu la reverras."

[Devant Ulysse défilent ensuite les ombres des reines et des princesses puis celles de ses compagnons de guerre. Agamemnon raconte sa triste fin lors de son retour de Troie. Achille lui confie qu'il regrette la vie. Ajax, rancunier, refuse de lui parler. Enfin, Uysse contemple Minos, juge des Enfers, puis ceux qui subissent des supplices tels Tantale et Sisyphe ou qui connaissent un relatif bonheur tel Héraklès.]

» *Et moi, je restais là, attendant de rencontrer d'autres héros, disparus avant nous. Mais soudain je vis s'assembler l'infernale troupe des morts, et je sentis le frisson de la peur : et si l'illustre Perséphone allait, du fond de l'Hadès, me jeter la tête de Gorgone, cet horrible monstre ? Sans tarder alors, je remontai sur mon navire et donnai l'ordre à mes compagnons d'embarquer et de larguer l'amarre*[1]*. Ils sautèrent à bord et s'installèrent aux bancs des rameurs. Nous remontâmes, au fil du courant, le fleuve Océan, à la force des rames d'abord, puis portés par une douce brise.*

---

[1]. **larguer l'amarre :** détacher le cordage qui retient le navire au rivage.

Ulysse consultant le devin Tiresias aux Enfers.
Aquarelle et plume, Johann Heinrich Fussli, 1780-1783.

Chant XII

[NUIT DU JOUR 33 : ULYSSE ET LES SIRÈNES]

[Ulysse et ses compagnons retournent chez Circé qui les accueille, leur offre de la nourriture et du vin. Pendant la nuit, prenant Ulysse à part, elle le met en garde contre les dangers du voyage de retour : les Sirènes, les deux écueils de Charybde et Scylla, l'île du Soleil.

L'Aurore apparaît sur son trône doré, Circé s'éloigne et Ulysse s'embarque avec ses compagnons.]

1   » *Après avoir déposé tous les agrès*[1] *dans le navire, nous nous assîmes, nous laissant guider par le vent et le pilote.*

» *Je confiai alors à mes hommes les angoisses qui m'étreignaient*[2] :

"Amis, je vais vous dévoiler les prédictions[3] de Circé, la-
5   toute-divine. Tous vous saurez alors ce qui peut nous perdre ou nous sauver de la mort fatale. Au doux chant des Sirènes, à leurs prairies en fleurs il nous faudra d'abord résister. Seul, je pourrai entendre leur voix, mais vous devrez m'attacher avec des liens solides, debout contre le mât, sans que je puisse me libérer de

---

Notes
1. **agrès** : voiles et cordages d'un navire.
2. **qui m'étreignaient** : qui me serraient le cœur.
3. **prédictions** : événements annoncés comme devant arriver.

ces entraves[1]. Et, si je vous supplie, si je vous ordonne de me détacher, vous devrez alors serrer mes liens encore plus fort."

» J'expliquai tout en détail à mes compagnons ; et bientôt notre bon navire, poussé par un vent favorable, parvint à l'île des Sirènes. La brise tomba, le calme s'établit alors sur les flots, soudain endormis par une divinité. Mes compagnons se levèrent pour enrouler les voiles au creux du vaisseau, puis s'assirent, faisant blanchir l'écume de la mer sous le sapin de leurs rames[2].

» Pendant ce temps, avec mon épée, je coupai une grande boule de cire en menus morceaux que je pétris entre mes mains. Sous l'ardeur du tout-puissant Soleil, la cire ne tarda pas à mollir, et j'en bouchai les oreilles de chacun de mes hommes. Eux m'attachèrent solidement : pieds et mains liés, je restai debout contre le mât, sans pouvoir me libérer de ces entraves. Puis ils retournèrent s'asseoir : la mer blanchit sous les coups répétés de leurs rames, et le bateau fila à toute allure. Quand il approcha de l'île, sa course rapide n'échappa pas à la vigilance[3] des Sirènes. Elles entonnèrent[4] leur chant charmeur :

"Viens, illustre Ulysse, grande-gloire-des-Achéens, viens écouter notre voix, arrête ton navire. Jamais marin n'a poussé ici son noir vaisseau, sans se laisser charmer par nos douces mélodies. Il s'en va, le cœur réjoui et l'esprit plus savant, car nous connaissons tous les maux qu'endurèrent Argiens et Troyens, dans la vaste Troie, par la volonté des dieux. Et tout ce qui a lieu sur la terre féconde, nous le savons aussi."

Notes

1. **entraves** : liens qui gênent les mouvements.
2. **le sapin de leurs rames** : les rames sont en bois de sapin.
3. **vigilance** : grande attention.
4. **entonnèrent** : commencèrent à chanter.

[CHARYBDE ET SCYLLA]

» *Voilà ce que chantait leur voix magnifique. Comme je désirais de tout mon cœur les entendre, je fronçai les sourcils pour ordonner à mes compagnons de me détacher. Mais, tandis qu'ils se penchaient davantage sur leurs rames, Euryloque et Périmède vinrent serrer plus fortement mes liens. Enfin, quand nous eûmes dépassé l'île des Sirènes, que nous n'entendîmes plus leur voix ni leur chant, mes fidèles compagnons ôtèrent la cire dont j'avais bouché leurs oreilles, et me libérèrent de mes entraves.*

» *À peine avions-nous quitté l'île, que soudain je vis se former des vapeurs, des remous immenses et perçus*[1] *un grondement terrible. Saisis de peur, mes compagnons lâchèrent leurs rames, qui tombèrent avec un bruit sourd au fil de l'eau. Le bateau, qui n'était plus tiré à la force des rames, s'immobilisa.*

» *J'allai, d'un bout à l'autre du navire, encourager mes compagnons :*
"Amis, l'expérience vous a appris à supporter les épreuves. Il ne peut y avoir là plus grand danger que dans l'antre du Cyclope où nous étions à la merci d'un être brutal. Mon courage, mes décisions et mon esprit avisé surent vous délivrer de cette embûche[2], et je crois que vous vous en souviendrez longtemps. Obéissez donc une nouvelle fois à mes ordres! Reprenez vos rames et frappez ferme dans ces profonds remous; quant à toi, pilote, passe au large de ces vapeurs et de ces tourbillons, et longe cet écueil en louvoyant[3]. Ouvre l'œil : si jamais tu diriges le navire contre ces rochers, c'est la mort assurée pour nous!"

» *Je dis; et mon discours sut les persuader.*

» *Je ne leur parlai pas de Scylla, cet abîme de tristesse : ils auraient cédé à la panique et cessé de ramer pour courir se blottir au fond du navire. Car Scylla est un monstre invincible, un mal éternel. Elle gîte*[4] *dans une caverne, à mi-hauteur dans la roche sombre. Elle a six cous*

Notes
1. **perçus** : entendis.
2. **embûche** : difficulté.
3. **en louvoyant** : en allant tantôt à droite, tantôt à gauche.
4. **elle gîte** : elle demeure.

interminables, six gueules effroyables, pourvues chacune d'une triple rangée de dents : un véritable abîme de mort ! Oubliant pour ma part les sévères prescriptions[1] *de Circé, j'endossai mes armes illustres, saisis deux*
65 *longues lances et allai me hisser sur le gaillard d'avant. De là, je pensais voir apparaître Scylla, ce monstre de pierre, qui devait coûter la vie à mes compagnons. Mais je ne pus l'apercevoir : mes yeux se fatiguaient vainement*[2] *à percer la brume environnante.*

 » Le cœur serré, nous nous engageâmes dans le détroit, ayant Scylla
70 *d'un côté, et de l'autre la divine Charybde, qui engloutit l'onde salée, puis la recrache à grand bruit en de tumultueux tourbillons, comme de l'eau qui bout dans un chaudron. L'écume alors recouvre les cimes des deux Écueils. Puis, quand elle avale de nouveau l'onde amère, elle se trouble jusqu'au fond, les roches tout autour mugissent*[3]*, et le sable noir*
75 *apparaît tout en bas. À cette vue, un frisson de peur saisit mes compagnons.*

 » Tandis que, la mort dans l'âme, nous regardions Charybde, Scylla enleva, au creux de mon navire, six de mes hommes, les plus forts, les plus courageux. Je me retournai vers eux, mais n'aperçus que leurs pieds
80 *et leurs mains soulevés dans les airs, et les entendis m'appeler au secours. Scylla les dévora devant son antre : ils hurlaient et tendaient leurs mains vers moi en se débattant affreusement. Ah ! c'est le pire spectacle qu'il m'ait été donné de voir, dans ma longue errance sur la mer.*

 » Après avoir échappé aux Écueils, à Charybde et à Scylla, nous
85 *abordâmes l'île splendide du Soleil. Là se trouvaient les belles vaches au-large-front, les nombreuses et grasses brebis appartenant toutes au fils d'Hypérion*[4]*.*

Notes

1. **prescriptions** : ordres impératifs.
2. **vainement** : inutilement.
3. **mugissent** : font un bruit qui ressemble au cri de la vache.

4. **Hypérion** : Titan, fils d'Ouranos, père du Soleil, de la Lune et de l'Aurore.

[ULYSSE SUR L'ÎLE DU SOLEIL]

[À la prière de ses hommes et à contre-cœur, Ulysse accepte de faire relâche dans l'île du Trident. Forcés par des vents contraires de rester un mois dans l'île, ils épuisent les vivres donnés par Circé. Aussi, alors que les dieux ont envoyé à Ulysse un doux sommeil, ses compagnons sacrifient les vaches qui appartiennent au Soleil, et se restaurent. Ulysse, réveillé, lance des cris désespérés aux dieux et querelle vivement ses hommes. Sept jours plus tard, remis à la mer, le bateau est fracassé par la tempête qu'a déchaînée Zeus et tous les compagnons d'Ulysse périssent. Accroché à l'épave, après avoir de nouveau échappé à Charybde et dérivé pendant neuf jours, Ulysse aborde dans l'île de Calypso. Là prennent fin les récits faits à Alkinoos.]

Au fil du texte

**Questions sur le chant XII – Les Sirènes ;
Charybde et Scylla (pages 86 à 90)**

Que s'est-il passé entre-temps ?

1. Où Ulysse s'est-il rendu après son départ de l'île de Circé ? Citez le texte.

2. Que lui a appris Tirésias sur l'île du Soleil ?

3. Le destin des marins est-il fixé d'avance ?

4. Quelles épreuves Tirésias a-t-il annoncées à Ulysse à partir de son retour à Ithaque ?

Avez-vous bien lu ?

5. Que nous dit Homère sur l'apparence des Sirènes ?

6. Que pensez-vous de la solution d'Ulysse pour échapper aux Sirènes ?

7. Pourquoi Ulysse ne se bouche-t-il pas les oreilles ?

8. Que raconte le chant des Sirènes et quel est son effet sur Ulysse ?

9. Décrivez les lieux où séjournent Charybde et Scylla.

10. À quoi voit-on que ces créatures sont des monstres ? (Nommez les procédés employés.)

11. Quel danger chaque monstre fait-il courir à l'équipage ?

12. Combien d'hommes meurent ? Cela vous rappelle-t-il un autre épisode de l'*Odyssée* ?

13. Après le passage dans l'île du Soleil, qui survit et pourquoi ?

ÉTUDIER LE VOCABULAIRE

14 Recherchez le mot « *sirène* » dans un dictionnaire. Employez-le dans plusieurs phrases où il prendra des sens différents. Vous établirez ainsi son champ sémantique*.

* champ sémantique : ensemble des sens (propres ou figurés) que peut avoir un mot.

15 Trouvez une expression comportant les mots « *Charybde et Scylla* », donnez son sens et employez-la dans une phrase. (Vous pouvez vous aider d'un dictionnaire des proverbes et des citations.)

ÉTUDIER LE DISCOURS

16 La situation de communication* : indiquez le mode le plus fréquent des verbes utilisés dans les recommandations d'Ulysse avant d'aborder Charybde et Scylla. Quel rôle Ulysse se donne-t-il face à ses compagnons ?

*situation de communication : circonstances dans lesquelles s'inscrit la communication et qui permettent de savoir :
– qui parle (locuteur),
– à qui on parle (destinataire),
– dans quel but on parle,
– où et quand on parle.

ÉTUDIER LE GENRE

17 Comparez les deux épisodes des Sirènes et de Charybde et Scylla : l'atmosphère, la nature des monstres et le comportement d'Ulysse.

ÉTUDIER UN THÈME

18 Personnages fabuleux dans l'épopée. Comment étaient représentées les Sirènes dans la mythologie grecque ? Quelle apparence prennent-elles dans d'autres récits merveilleux ? Aidez-vous d'un dictionnaire des mythologies ou d'une encyclopédie.

À VOS PLUMES !

19 Racontez la disparition des six compagnons d'Ulysse, sans l'intervention du merveilleux.

Chant XIII

[JOURS 33 À 35 AU MATIN : RETOUR D'ULYSSE À ITHAQUE]

1   Ainsi dit Ulysse ; et tous restaient silencieux, tenus sous le charme, dans l'ombre de la salle.

Alkinoos enfin prit la parole :

« *Ulysse, tu as franchi le seuil de bronze de ma haute demeure, après*
5 *avoir beaucoup souffert, mais tu n'auras plus, je crois, à errer de la sorte avant de rentrer chez toi. À chacun de vous autres qui buvez le vin aux-sombres-feux tous les soirs dans ma demeure, pendant que chante l'aède, voici ce que j'ordonne. Vous êtes douze rois remarquables à vous partager le pouvoir sur ce peuple, et je suis le treizième : que chacun d'entre vous*
10 *offre à notre hôte une écharpe fraîchement lavée, une tunique, un talent[1] d'or précieux ainsi qu'un grand trépied[2] et un chaudron[3]. Nous en prélèverons le prix sur le peuple assemblé, car une telle générosité serait trop lourde pour nous seuls.* »

Il dit ; et tous approuvèrent.

[Et chacun pour dormir rentre dans sa demeure. Dès que paraît Aurore aux-doigts-de-rose, on place les présents dans le vaisseau. Le roi offre à Zeus un sacrifice et l'on est à la joie du festin. L'aède chante. Au coucher du Soleil, Ulysse remercie les Phéaciens et s'en va vers le port.]

Notes
1. **talent** : poids d'une trentaine de kg.
2. **trépied** : vase à trois pieds.
3. **chaudron** : récipient métallique à anse où l'on fait chauffer quelque chose.

Quand ils eurent rejoint le navire et la mer, les nobles passeurs[1] d'Alkinoos déposèrent au creux du vaisseau boisson et nourriture. Sur le gaillard arrière, ils étendirent un drap de lin et une couverture, afin qu'Ulysse pût dormir d'un sommeil profond. Ulysse s'embarqua et se coucha en silence, pendant que les rameurs, installés sur leurs bancs, détachaient l'amarre et faisaient jaillir l'écume de la mer sous leurs avirons[2]. Un doux sommeil tomba alors sur les paupières du héros, un sommeil profond, semblable au repos de la mort. [...]

Le lendemain matin, débarquant du vaisseau bien charpenté, les passeurs soulevèrent Ulysse, enveloppé dans la couverture et le drap brillant, et le déposèrent endormi sur le sable du rivage. Ils rassemblèrent les présents[3] des Phéaciens au pied d'un olivier, à l'écart du chemin, de peur qu'un passant ne s'en emparât avant le réveil d'Ulysse. Puis ils s'en retournèrent. Mais l'Ébranleur-du-sol n'avait pas oublié ses menaces contre Ulysse égal-aux-dieux. Il s'en remit à Zeus :

« *Zeus père, comment pourrai-je prétendre désormais à l'estime des dieux immortels, si de simples hommes, comme ces Phéaciens nés pourtant de ma race, n'ont plus pour moi aucun respect ? Je savais qu'Ulysse, au terme de ses épreuves, rentrerait chez lui ; je ne lui avais d'ailleurs pas interdit ce retour que tu lui avais formellement promis. Mais vois, les Phéaciens l'ont endormi et ramené sur leur nef rapide jusqu'en Ithaque ! Et ils l'ont comblé de magnifiques présents : or, bronze et vêtements bien tissés ! Jamais Ulysse, même s'il était revenu sain et sauf de Troie, n'aurait rapporté un tel butin.* »

Zeus, l'assembleur-des-nuées, lui fit cette réponse :

« *Que dis-tu là, puissant Ébranleur-du-sol ? Assurément, les dieux ont pour toi du respect ; il leur serait bien difficile d'outrager[4] le plus vénérable, le meilleur d'entre eux. Mais si l'on te provoque, si l'on te fait*

Notes

1. **passeurs** : personnes qui conduisent des bateaux pour passer d'un endroit à un autre.
2. **avirons** : rames.
3. **présents** : cadeaux.
4. **outrager** : manquer de respect à.

violence, tu as toujours le droit de te venger. Fais ce que tu veux, agis selon ton cœur. »

Poséidon, l'Ébranleur-du-sol, lui répondit :

« Je l'aurais déjà fait, ô dieu-des-sombres-nuées, mais je crains toujours ta colère et veux l'éviter. Dès aujourd'hui, les passeurs phéaciens verront leur superbe vaisseau anéanti sur la mer azurée : ils cesseront désormais de reconduire les étrangers. »

Zeus, l'assembleur-des-nuées, dit alors :

« Cher fils, c'est là une excellente décision. Quand, de la ville, les gens verront s'avancer le bateau, change-le en rocher, tout près de la terre, et conserve-lui sa forme de bateau : que tous s'étonnent de ce prodige. »

À ces mots, Poséidon, l'Ébranleur-du-sol, se dirigea vers l'île de Schérie[1], où demeurent les Phéaciens. Il attendit ; bientôt, le navire approcha, filant à toute allure : Poséidon s'avança, le changea en rocher et, le frappant du plat de sa main, l'enracina profondément. Puis il s'en retourna. [...]

[Pendant ce temps, Ulysse s'éveille sur sa terre natale, mais ne la reconnaît pas. Athéna, sous les traits d'un jeune berger, s'approche et lui dit que cette île a pour nom Ithaque. Ulysse s'en réjouit mais, prudent, se fait passer pour un Crétois en fuite car il a tué un homme qui voulait le priver de ses biens. Athéna reprend alors ses traits de belle femme et se moque gentiment de lui et de ses mensonges. Ensemble, ils cachent les trésors au fond de la grotte des Nymphes, puis se dirigent vers un olivier.]

Assis au pied d'un olivier sacré, ils méditèrent la mort des prétendants[2] insolents[3].

Athéna, la déesse au-clair-regard, prit la parole :

« Fils de Laërte, Ulysse à-l'esprit-inventif, réfléchis au moyen d'abattre ces effrontés qui font la loi dans ton palais et courtisent ta femme avec leurs présents. »

Notes
1. **Schérie** : nom de l'île des Phéaciens.
2. **prétendants** : ceux qui veulent épouser Pénélope.
3. **insolents** : effrontés, impolis.

Ulysse l'avisé lui fit cette réponse :

« *Hélas ! j'aurais donc, en ma demeure, subi le sort atroce de l'atride Agamemnon, si tu n'étais venue tout me dévoiler, ô déesse. Mais allons ! aide-moi à tisser ma vengeance, reste à mes côtés pour m'insuffler[1] la force et l'audace nécessaires. [...] »*

Athéna, la déesse au-clair-regard, lui répondit :

« *Toujours je serai là et veillerai sur toi quand nous passerons à l'action. De ces prétendants qui dévorent tes biens, puissent alors le sang et la cervelle éclabousser le sol de ta demeure ! Mais allons, je vais te rendre méconnaissable[2] aux yeux de tous [...], même à ceux de ton fils et de ton épouse que tu as laissés dans ton palais. Toi, commence par te rendre chez ton porcher[3] Eumée, qui garde tes bêtes. Il t'est resté fidèle et éprouve, pour ton fils et la sage Pénélope, une tendre affection. Tu le trouveras près de ses porcs. Reste chez lui à attendre, et interroge-le sur tout. Pendant ce temps, je me rendrai à Sparte aux-belles-femmes, afin de rappeler Télémaque, ton cher fils, qui est parti jusque dans la vaste Lacédémone, s'informer auprès de Ménélas si tu vis encore. »*

Ulysse l'avisé lui fit cette réponse :

« *Mais pourquoi ne lui as-tu rien dit, toi qui savais tout ? Est-ce pour qu'il aille à l'aventure, lui aussi, et souffre mille maux sur la mer inféconde, pendant que d'autres mangent ses biens ? »*

Athéna, la déesse au-clair-regard, lui dit alors :

« *Ne t'inquiète donc pas pour lui. C'est moi qui lui ai fait entreprendre ce voyage, afin qu'il s'acquière une bonne renommée. Il ne souffre pas : il est installé tranquillement dans le palais de Ménélas, où tout lui est abondamment offert. De jeunes prétendants, il est vrai, lui tendent une embuscade sur leur noir vaisseau, désirant le tuer avant qu'il ne foule le sol de sa patrie. Mais sois sans crainte, cela ne sera pas, et plus d'un aura, auparavant, mordu la poussière ! »*

Notes

1. **m'insuffler** : faire entrer en moi par un souffle.
2. **méconnaissable** : que l'on ne peut pas reconnaître.
3. **porcher** : gardien de porcs.

Odyssée de Homère

Sur ces mots, Athéna effleura Ulysse de sa houlette[1]. Elle flétrit[2] sa belle peau sur ses membres souples et fit tomber ses blonds cheveux : il avait désormais, sur tout le corps, la peau d'un vieil homme ; ses yeux, jadis si beaux, étaient éraillés[3], et il portait sur le dos une mauvaise loque, toute déchirée, tachée et noircie par la fumée. Par-dessus, Athéna avait jeté une peau de cerf, râpée et trouée, nouée avec une corde en guise[4] de ceinture.

Après s'être ainsi concertés[5], ils se séparèrent. Et Athéna se dirigea vers la divine Lacédémone.

Notes

1. **houlette** : bâton de berger terminé par une plaque en forme de cuillère servant à envoyer des mottes de terre aux bêtes qui s'éloignent du troupeau.
2. **flétrit** : rida.
3. **éraillés** : injectés de sang.
4. **en guise** : à la place.
5. **concertés** : entendus.

Chant XIV

[JOUR 35 : ULYSSE CHEZ EUMÉE]

1   Ulysse quitta le port; il s'engagea à travers bois sur le sentier rocailleux[1] menant vers les hauteurs où, lui avait dit Athéna, il trouverait le divin[2] porcher dévoué à son maître, le meilleur des serviteurs acquis par Ulysse. [...]

5   Soudain, des chiens qui l'avaient vu se précipitèrent sur lui en aboyant furieusement. Ulysse eut le bon réflexe de s'asseoir, mais son bâton lui échappa des mains. Il aurait subi là, devant son étable, le pire des outrages[3] si le porcher, bondissant de l'entrée, n'avait rapidement couru derrière eux.

10   Celui-ci héla[4] ses chiens, les dispersa sous une pluie de cailloux puis s'adressa à son maître :

« Il était temps, vieillard! les chiens allaient te mettre en pièces, et moi j'aurais été couvert de honte. J'ai bien assez cependant des soucis, des peines que les dieux m'ont donnés. Mon pauvre maître! cela me
15 *fait mal de devoir engraisser ses porcs pour que d'autres les mangent, pendant que lui meurt peut-être de faim, et erre de ville en ville, en terre étrangère, si toutefois il vit toujours et voit encore la lumière du Soleil.*

Notes
1. **rocailleux** : pierreux.
2. **divin** : ici, de grande qualité.
3. **outrages** : agressions.
4. **héla** : appela de loin.

Mais allons, suis-moi dans ma cabane, vieillard, que tu aies toi aussi ton contentement de pain[1] *et de vin, puis tu me diras d'où tu es et quels sont tes soucis. »*

À ces mots, le divin porcher l'introduisit dans sa cabane et l'invita à s'asseoir sur une épaisse toison de chèvre sauvage, qui lui servait de couche et sous laquelle il avait entassé d'épais branchages. Ulysse, heureux d'être ainsi accueilli, lui adressa ces paroles :

« Puissent Zeus et les autres dieux satisfaire tes plus chers désirs, mon hôte, toi qui m'accueilles avec tant de bonté ! »

Et toi, porcher Éumée, tu lui répondis alors :

« Étranger, ce serait un sacrilège[2] *de manquer d'égards*[3] *envers un hôte, même plus démuni*[4] *que toi, car étrangers et mendiants nous sont envoyés par Zeus* […]. *»*

[Eumée prépare alors des brochettes de porcelets pour l'étranger et lui sert du vin. Pendant son repas, il lui dit comment les prétendants, croyant Ulysse mort, font leur cour à Pénélope et dévorent tout son bien en festoyant chez lui. Le repas terminé, Ulysse raconte ses mésaventures sur la mer en se faisant passer pour un Crétois. Il annonce à Eumée, qui ne le croit pas, qu'Ulysse est toujours vivant et sur le point de rentrer à Ithaque. Puis, près du feu, sur un lit fait de peaux de chèvres et de moutons, Ulysse se couche.]

Notes

1. **ton contentement de pain** : du pain, autant que tu en veux.
2. **sacrilège** : offense faite aux dieux.
3. **égards** : attention portée à une personne que l'on respecte.
4. **démuni** : sans ressources.

Chant XV

[JOURS 35 À 37 AU MATIN : LE RETOUR DE TÉLÉMAQUE À ITHAQUE]

Pallas Athéna s'était rendue au beau pays de Sparte pour inciter[1] l'illustre fils du généreux Ulysse à songer au retour, sans plus tarder.

Elle trouva Télémaque et le noble fils de Nestor étendus sous 5 le porche de Ménélas. Pisistrate avait cédé au doux sommeil ; Télémaque, lui, restait éveillé dans cette nuit divine, le cœur rongé d'inquiétude à la pensée de son père.

Athéna, la déesse au-clair-regard, s'approcha, et lui dit :

« *Télémaque, c'en est fini de ces errances[2] loin de ta demeure ! Tu as* 10 *laissé là-bas tes richesses et des hommes d'une folle arrogance[3] ! Bientôt, ils se seront tout partagé, ils auront tout dévoré, et toi, tu auras fait ce voyage pour rien !*

Va vite prier Ménélas de te laisser partir, si tu veux trouver encore ta mère à la maison. Car déjà, son père et ses frères la pressent[4] d'épouser 15 *Eurymaque, dont les présents surpassent ceux des autres prétendants et ne cessent d'augmenter.* [...] *J'ai une dernière chose à te dire, dont il faut bien te souvenir. Les chefs des prétendants t'ont tendu une embuscade,*

Notes
1. **inciter** : pousser.
2. **errances** : voyages sans but.
3. **arrogance** : orgueil insolent.
4. **la pressent** : la poussent vivement.

dans le détroit qui sépare Ithaque de Samé-la-Rocheuse[1] : ils veulent te tuer avant que tu ne regagnes ton pays. [...] Évite ces îles avec ton bon
20 *vaisseau, et navigue de nuit seulement ; un dieu qui te protège t'enverra un bon vent arrière. Et dès que tu auras abordé le premier cap d'Ithaque, renvoie le navire et ton équipage en ville ; puis va directement chez le porcher. Tu passeras la nuit là-bas, et enverras Eumée avertir la très sage Pénélope que tu es en vie et rentré de Pylos. »*
25 Sur ces mots, Athéna regagna l'Olympe.

[Aussitôt Télémaque décide de quitter Sparte. Ménélas partage avec lui un dernier repas et lui offre ainsi qu'Hélène des présents magnifiques. Au moment de son départ, un présage favorable est envoyé par Zeus qu'Hélène interprète comme un signe du retour d'Ulysse et de sa vengeance. Télémaque passe par Pylos, où il laisse Pisistrate. Pendant ce temps, Eumée raconte à Ulysse, qu'il n'a toujours pas reconnu, comment il devint esclave. Après un heureux voyage, Télémaque aborde à Ithaque et se hâte vers la demeure d'Eumée.]

Note

1. **Samé-la-Rocheuse :** grande île à l'est d'Ithaque (aujourd'hui : Céphalonie).

Chant XVI

[JOUR 37 : LA RECONNAISSANCE D'ULYSSE PAR TÉLÉMAQUE]

[Dès l'Aurore, Ulysse et le porcher ont allumé un feu. Eumée est fou de joie lorsqu'il voit Télémaque debout sur son seuil. Ce dernier lui demande d'aller prévenir sa mère de son retour.]

1 Athéna n'eut pas plus tôt vu le porcher Eumée sortir de l'enclos, qu'elle s'approcha, sous les traits d'une femme grande, belle et experte en fins ouvrages. Elle s'arrêta à l'entrée de la cabane et apparut à Ulysse. Télémaque, lui, ne s'aperçut pas de sa pré-
5 sence, car les dieux ne se rendent pas visibles à tous. Ulysse la vit, les chiens eux aussi la virent, mais ils n'aboyèrent pas : ils détalèrent à l'autre bout de l'enclos avec des grognements plaintifs.

Athéna fronça les sourcils : à ce signe, Ulysse obéit et sortit dans la cour. La déesse lui dit :

10 *« Fils de Laërte, divin Ulysse à-l'esprit-inventif, il ne faut plus rien cacher à ton fils, mais tout lui révéler. Quand vous aurez tous les deux planifié*[1] *la mort des prétendants, allez jusqu'à l'illustre ville : je ne tarderai pas à vous y rejoindre, car je suis impatiente de participer à la bataille. »*

Notes
1. **planifié** : organisé.

Odyssée de Homère

15 Sur ces mots, Athéna l'effleura de sa baguette d'or. Elle le revêtit d'une tunique et d'un manteau fraîchement lavé, le grandit et le rajeunit. [...] Cela fait, elle s'en alla. Quand Ulysse rentra dans la cabane, son fils fut frappé de stupeur : il détourna ses regards, craignant d'avoir affaire à un dieu, puis il lui adressa ces
20 paroles ailées[1] :

« Tu as changé d'apparence, ô mon hôte, te voilà avec des vêtements différents, ton corps n'est plus le même : serais-tu un des dieux, maîtres-du-vaste-ciel ? Sois-nous favorable, nous t'offrirons des sacrifices et des présents en or, mais épargne-nous. »

25 Le divin Ulysse à-l'âme-endurante lui répondit :

« Pourquoi me compares-tu à un Immortel ? Je ne suis pas un dieu, mais ton père, ton père que tu pleures, pour lequel tu souffres tant et subis la violence de ces hommes ! »

Il dit, puis embrassa son fils, laissant couler sur ses joues les
30 larmes qu'il avait eu tant de mal à contenir jusque-là.

Mais Télémaque, refusant toujours de croire que ce fût son père, lui dit à nouveau :

« Non ! tu n'es pas Ulysse, tu n'es pas mon père. Une divinité me trompe, voulant accroître mes souffrances. Car un homme ne pourrait
35 *pas, par ses seules ressources, opérer un tel changement. Il faut qu'un dieu l'assiste, pour faire de lui, aussi facilement, un jeune homme ou un vieillard. À l'instant, tu n'étais qu'un vieillard couvert d'une mauvaise loque, et te voici maintenant semblable aux dieux, maîtres-du-vaste-ciel. »*

Ulysse l'avisé lui fit cette réponse :

40 *« Télémaque, le retour de ton père ne doit pas te surprendre, te troubler à ce point. Il ne viendra pas ici d'autre Ulysse que moi, car Ulysse, c'est bien moi, qui reviens dans ma patrie au bout de vingt années, après avoir tant souffert, tant erré ! Cette métamorphose est l'œuvre d'Athéna*

Note

1. **paroles ailées** : paroles qui « s'envolent » de la bouche.

pourvoyeuse-de-butin[1] : *elle peut, à son gré*[2], *faire de moi tantôt un mendiant, tantôt un jeune homme paré de beaux vêtements [...]. »*

Après avoir ainsi parlé, il s'assit. Télémaque se jeta alors dans les bras de son noble père, qu'il embrassa en pleurant. Et tous les deux furent pris de violents sanglots. [...]

[Ulysse explique alors à Télémaque les détails de son plan pour la vengeance. Mais Télémaque craint l'échec, si nombreux sont les prétendants. Ulysse le rassure : Zeus et Athéna sont ses alliés. Comment ne pas avoir confiance quand on est défendu par les dieux ? Au palais d'Ulysse, un grand trouble se répand parmi les prétendants à l'annonce du retour de Télémaque. Antinoos avait tant espéré qu'il trouve la mort dans leur embuscade ! Aussitôt, certains projettent un nouveau complot. Eumée retourne auprès de Télémaque et d'Ulysse, et tous trois vont dormir.]

Ulysse, Eumée et les chiens.

Notes

1. **pourvoyeuse-de-butin** : qui permet de prendre des biens à l'ennemi. Athéna favorise Ulysse en tant que déesse de la guerre.

2. **à son gré** : comme elle veut.

Chant XVII

[JOUR 38 : LES HUMILIATIONS D'ULYSSE]

[À peine était sortie l'Aurore aux-doigts-de-rose, que Télémaque, après avoir demandé au porcher Eumée d'emmener le pauvre étranger au palais pour qu'il mendie son pain, s'en va auprès de sa mère. Il retrouve le devin Théoclymène qui prédit devant Pénélope qu'Ulysse revenu va se venger des prétendants. Ces derniers, pendant ce temps, entrent dans la grande salle pour préparer le repas.]

1   Pendant ce temps, Ulysse et le divin porcher quittaient les champs pour se rendre en ville. [...]
    Ils allaient tous les deux, laissant l'étable à la garde des chiens et des autres bergers. Eumée guidait son maître vers la ville,
5   mais celui-ci avait l'apparence d'un vieillard, d'un misérable mendiant, appuyé sur un bâton et vêtu de haillons sordides.
    [...] Mélanthios, fils de Dolios, vint à croiser leur chemin : il menait des chèvres, les plus belles du troupeau, pour le festin des prétendants, et deux bergers le suivaient. À peine les eut-il vus
10 qu'il les accabla d'injures, de paroles outrageantes[1], et le cœur d'Ulysse en fut mordu à vif.

Note | 1. outrageantes : insultantes.

« Quel beau spectacle ! Un vaurien guidé par un autre vaurien ! Un dieu fait donc toujours se rencontrer les âmes sœurs[1] ? Infâme[2] porcher, où conduis-tu cet affamé, ce mendiant indésirable, fléau[3] des festins ? [...] »

À ces mots, ce fou furieux s'approcha d'Ulysse et lui décocha[4] un coup de pied dans la hanche. Ulysse tint ferme et ne quitta pas le sentier, mais il hésitait : allait-il, d'un coup de son bâton, lui faire rendre l'âme, ou bien le soulever et lui briser le crâne contre terre ? Enfin, il renonça et contint[5] son envie, laissant Eumée fixer l'insolent droit dans les yeux et lui adresser des reproches.

[Mélanthios s'en va rapidement rejoindre les prétendants. Ulysse et Eumée arrivent à leur tour devant le palais.]

Un chien qui était couché là dressa la tête et les oreilles. C'était Argos, le chien qu'Ulysse à-l'âme-endurante avait lui-même élevé autrefois, sans avoir le temps d'en profiter, avant son départ pour la sainte Ilion. En ce temps-là, des jeunes gens l'emmenaient courir[6] les chèvres sauvages, les chevreuils et les lièvres. Mais, depuis que son maître était parti, il gisait là, sans soin, sur du fumier de mulet et de bœuf, qu'on entassait devant les portes du palais pour que les serviteurs d'Ulysse y prennent de quoi fumer[7] le grand domaine. Argos était étendu là, couvert de poux. Or, dès qu'il sentit qu'Ulysse approchait, il agita la queue et coucha ses deux oreilles, mais il n'eut pas la force d'aller au-devant de son maître. Ulysse s'en aperçut : il se détourna pour essuyer une larme, et trompa Eumée en s'empressant de lui demander :

« Comme c'est curieux, Eumée, ce chien étendu sur du fumier ! Il a un corps magnifique, cependant je n'arrive pas à savoir si sa rapidité à la

Notes

1. **âmes sœurs** : personnes qui se ressemblent.
2. **infâme** : détestable.
3. **fléau** : personne nuisible.
4. **décocha** : lança brusquement.
5. **contint** : domina.
6. **courir** : chasser.
7. **fumer** : répandre du fumier dans un champ pour rendre la terre plus riche.

course égalait sa beauté, ou s'il n'était qu'un de ces chiens de table que les maîtres nourrissent pour leur fière allure. »

Et toi, porcher Eumée, tu lui fis cette réponse :

« C'est le chien de cet homme qui est mort au loin. Ah ! si tu pouvais le voir, aussi beau, aussi vif qu'il était autrefois quand Ulysse le laissa à son départ pour Troie, tu admirerais sa rapidité et sa force : au plus profond de la forêt, jamais aucune bête sauvage ne lui échappait, car son flair était infaillible. Maintenant, hélas ! le malheur le ronge : son maître est mort loin de sa patrie, et les femmes ne s'en occupent pas, elles le négligent. […] »

Sur ces mots, il entra dans la vaste demeure et alla directement dans la salle se mêler aux fiers prétendants. Mais Argos avait à peine revu Ulysse après vingt ans, que déjà l'ombre de la mort s'emparait de lui. […]

Ulysse à son tour pénétra dans le palais […] ; il s'assit sur le seuil de frêne, à l'intérieur des portes. […]

Télémaque appela alors le porcher et lui dit, après avoir pris un pain entier dans la plus belle des corbeilles et autant de viande que ses deux mains pouvaient contenir :

« Va donner cela à l'étranger, et dis-lui d'aller mendier auprès de tous les prétendants, car la honte ne convient pas aux miséreux. »

À peine eut-il prononcé ces mots, que le porcher alla trouver Ulysse et lui dit ces paroles ailées :

« Étranger, Télémaque t'offre cela et te demande d'aller mendier auprès de tous les prétendants, car la honte, dit-il, ne convient pas aux pauvres. »

Ulysse l'avisé lui adressa cette réponse :

« Zeus souverain, puisses-tu assurer le bonheur de Télémaque et combler[1] tous ses désirs ! »

Il dit, prit la nourriture à deux mains et la déposa à ses pieds, sur sa misérable besace[2]. Il se mit à manger, tandis que l'aède

---

Notes

1. **combler** : satisfaire entièrement.
2. **besace** : sac porté sur l'épaule avec une poche devant et une poche derrière.

chantait dans la grande salle. [...] Puis il alla quémander[1] de gauche à droite, tendant la main ici et là, comme s'il avait toujours été un mendiant. Les prétendants avaient pitié de lui, donnaient, mais étaient surpris à sa vue et se demandaient qui il était et d'où il venait.

Mélanthios, le maître-chevrier, dit alors :

« *Écoutez-moi, prétendants de la plus illustre reine, cet étranger, je l'ai déjà vu : c'est le porcher qui l'a amené ici, mais j'ignore quelle est sa naissance.* »

Il dit, et Antinoos s'en prit vivement au porcher :

« *Porcher trop-bien-connu, pourquoi nous as-tu amené cet homme en ville ? N'avons-nous pas assez des autres vagabonds, de ces mendiants indésirables, fléaux des festins ? Tu te plains que les prétendants assemblés ici mangent les vivres[2] de ton maître, et voilà que tu amènes un autre convive ?* »

Et toi, porcher Eumée, tu lui répondis :

« *Antinoos, tes propos ne sont pas dignes de ta noble naissance.* [...] *De tous les prétendants, c'est toujours toi le plus dur envers les serviteurs d'Ulysse, et plus particulièrement envers moi. Mais moi, je ne me fais pas de souci, tant que vivent au palais la sage Pénélope et Télémaque semblable-aux-dieux.* »

Le prudent Télémaque le regarda et lui dit :

« *Silence ! n'adresse plus un seul mot à cet homme ! Avec ses propos acides[3], Antinoos cherche toujours querelle, et excite les autres.* »

Il dit, et ajouta ces mots ailés à l'adresse d'Antinoos :

« *Antinoos, vraiment tu te soucies de moi comme d'un fils, quand tu me commandes de chasser cet étranger de la grande salle ! Puisse la divinité m'empêcher d'agir ainsi ! Prends donc et donne-lui ! Ne crains rien, c'est moi qui te le demande.* [...] *Mais non, ton cœur n'en a pas envie : tu préfères te gaver[4] plutôt que de donner aux autres !* »

Antinoos lui fit alors cette réponse :

Notes

1. **quémander** : mendier.
2. **les vivres** : la nourriture.
3. **propos acides** : paroles désagréables destinées à blesser.
4. **te gaver** : manger avec excès.

« *Télémaque, orateur[1] plein d'orgueil et de colère, qu'as-tu dit ? Que tous les prétendants lui donnent autant que moi, et il nous débarrassera les lieux pour trois bons mois !* »

À ces mots, il saisit un tabouret [...] et le lança contre le dos de l'étranger. Il l'atteignit à l'épaule droite, mais Ulysse resta ferme comme un roc : le coup ne l'avait même pas fait chanceler[2]. Il ne dit rien, mais hocha la tête en ruminant[3] sa vengeance.

[Les autres prétendants regrettent le geste d'Antinoos : si le mendiant était un dieu ! Les dieux prennent si souvent les traits d'un étranger pour mieux connaître les hommes ! Pénélope fait venir le porcher pour qu'il lui conduise le mendiant qu'elle voudrait interroger sur Ulysse. Mais, par prudence, ce dernier n'accepte de venir qu'au soleil couché. Vers le soir, Eumée s'en va et les prétendants prennent plaisir à la danse et au chant.]

Notes

1. **orateur** : personne qui sait bien parler.
2. **chanceler** : perdre l'équilibre.
3. **ruminant** : tournant et retournant dans son esprit.

Au fil du texte

Questions sur le chant XVII – Les humiliations d'Ulysse
(pages 105 à 109)

QUE S'EST-IL PASSÉ ENTRE-TEMPS ?

1) Chant XIII : qu'arrive-t-il au bateau des Phéaciens alors qu'il approche des côtes de Schérie ?

2) En quoi Athéna transforme-t-elle Ulysse ? Relevez tous les éléments de la transformation.

3) Quelles décisions prend Athéna pour aider Ulysse à accomplir sa vengeance ?

4) Chant XIV : Ulysse débarque-t-il en roi chez Eumée ?

5) Qu'annonce Ulysse à Eumée ?

6) Chant XV : qui décide Télémaque à revenir à Ithaque ?

7) Où se rend Télémaque à son arrivée à Ithaque et à quel danger a-t-il échappé ?

8) Chant XVI : qui voit la déesse ? Qui ne la voit pas ?

9) Pourquoi Télémaque ne reconnaît-il pas son père dans un premier temps ?

10) Qui sait qu'Ulysse se cache sous les traits du mendiant à la fin du chant ?

AVEZ-VOUS BIEN LU ?

11) Qui reconnaît Ulysse ? À quels indices comprend-on qu'il l'a reconnu ?

12 Recopier la phrase qui nous renseigne sur la durée de l'absence d'Ulysse.

13 Pourquoi Argos meurt-il à l'arrivée d'Ulysse ? Est-ce vraisemblable ?

14 Que doit faire Ulysse une fois entré dans le palais et pour quelles raisons ?

15 Quelles sont les différentes personnes qui humilient Ulysse, et comment ?

16 Dites comment Ulysse réagit à chaque humiliation. Quel est le trait de son caractère ainsi mis en valeur ?

17 Quels sont les traits de caractère d'Antinoos ?

ÉTUDIER LE VOCABULAIRE

18 Expliquez les expressions imagées : « *fléau des festins* », « *mots ailés* », « *propos acides.* »

19 Relevez dans le discours de Mélanthios et d'Antinoos les termes péjoratifs* désignant Ulysse et Eumée et déduisez-en le reproche fait à Ulysse.

* *terme péjoratif* : terme destiné à rabaisser ce dont on parle.

ÉTUDIER UN THÈME : ULYSSE MENDIANT

20 Ulysse joue-t-il bien son rôle de mendiant ? Examinez son aspect, ses gestes, ses réactions aux attaques.

À VOS PLUMES !

21 « *Il agita la queue et coucha ses deux oreilles.* »
Ainsi, Homère nous fait voir le chien et comprendre ce qui se passe dans sa tête. Observez les manifestations physiques de trois sentiments : décrivez-les très précisément pour que le lecteur devine de quels sentiments il s'agit.

Chant XVIII

[JOUR 38 : LES OUTRAGES DES PRÉTENDANTS]

[Ulysse se fait insulter et provoquer par le mendiant Iros. Les prétendants, heureux d'assister à une bagarre entre gueux, les poussent à se battre. Ulysse est vainqueur et il revient s'asseoir sur le seuil de la grande salle et chacun lui offre de beaux morceaux de viande rôtie. Athéna inspire alors à Pénélope de paraître dans la salle afin que tous l'admirent et lui apportent des présents. Athéna inspire aussi aux prétendants d'insulter Ulysse afin d'exciter encore son désir de vengeance. La nuit venue, Télémaque invite les prétendants à rentrer chez eux.]

Euryclée reconnaît Ulysse.

Chant XIX

[SOIR DU JOUR 38 : PÉNÉLOPE ET LE MENDIANT ULYSSE]

[Ulysse reste dans la grande salle à méditer la mort des prétendants. Il demande à Télémaque d'enlever toutes les armes. Ce dernier ordonne à Euryclée d'enfermer toutes les servantes, puis, sur les conseils de son père, il va dormir. Pénélope descend alors dans la grande salle interroger le mendiant. Pour la troisième fois, Ulysse se fait passer pour un Crétois, un Crétois qui aurait reçu en sa maison Ulysse, alors sur le chemin de Troie. Il jure aussi à Pénélope qu'Ulysse est bien vivant, qu'il est près d'arriver à Ithaque et qu'il ramène des objets de prix. Pénélope ne le croit pas. Mais, désirant respecter son hôte, elle demande à Euryclée, qui fut la nourrice d'Ulysse, de lui donner le bain.]

[LA RECONNAISSANCE D'ULYSSE PAR EURYCLÉE]

1 Elle dit ; la vieille femme cacha son visage dans ses mains, pleura à chaudes larmes et laissa échapper ces plaintes :

« Ulysse, ô mon enfant, je ne t'ai été d'aucun secours. Zeus, assurément, t'a haï plus que tout autre, toi dont le cœur pourtant était si
5 *respectueux des dieux ! [...] Mais j'obéirai volontiers à la sage Pénélope, fille d'Icare. je te laverai les pieds, vieillard, autant pour plaire à ma maîtresse qu'à toi-même, car tu m'as bouleversée. Écoute bien ce que je*

vais te dire : de tous les malheureux étrangers qui sont venus ici, jamais je n'en ai vu un dont l'allure[1], la voix, la démarche ressemblent autant à celles d'Ulysse ! »

Ulysse l'avisé lui dit en réponse :

« Vieille femme, tous ceux qui nous ont vus l'un et l'autre affirment que nous nous ressemblons beaucoup, comme toi-même viens de le remarquer judicieusement[2]. »

Il dit ; la vieille femme s'en alla alors chercher un chaudron brillant pour lui laver les pieds. Elle y versa beaucoup d'eau froide, puis de l'eau chaude par-dessus. Ulysse, lui, était allé s'asseoir loin du foyer ; il s'était tourné vers l'ombre, craignant soudain qu'en le touchant elle ne reconnût sa cicatrice et que tout fût découvert.

Mais, à peine eut-elle commencé à laver son maître, qu'elle sentit la cicatrice laissée par la blanche défense d'un sanglier alors qu'Ulysse chassait sur le Parnasse[3] avec les fils d'Autolycos[4] […]. Elle palpa[5] la blessure du plat de la main et la reconnut. Elle lâcha soudain la jambe qui retomba dans le chaudron. Le bronze retentit, le chaudron bascula et l'eau se répandit sur le sol. Le cœur de la vieille nourrice se gonfla de joie et de colère à la fois. Ses yeux se mouillèrent de larmes, et sa forte voix se brisa.

Elle dit à Ulysse en lui prenant le menton :

« C'est donc toi Ulysse, toi mon cher enfant ! Et dire que je n'ai reconnu mon maître qu'après l'avoir touché de mes mains ! »

Elle dit, puis tourna son regard vers Pénélope, désirant lui annoncer que son époux était là. Mais celle-ci ne put ni croiser ce regard ni rien deviner, car Athéna détournait son attention.

De sa main droite, Ulysse saisit la nourrice à la gorge et, de l'autre, l'attira vers lui :

Notes

1. **allure** : apparence générale.
2. **judicieusement** : avec intelligence.
3. **Parnasse** : nom d'une montagne de Grèce.
4. **Autolycos** : « le loup en personne », grand-père maternel d'Ulysse.
5. **palpa** : toucha avec la main pour connaître.

« *Nourrice, tu veux donc me perdre ? toi qui m'as nourri au sein ! Je rentre dans ma patrie, après vingt années de longues souffrances. Mais, puisque tu m'as reconnu, puisqu'un dieu l'a voulu, tais-toi donc ! Personne d'autre ne doit l'apprendre dans ce palais ! Autrement, il sera fait comme je te le dis : si un dieu met à ma merci*[1] *les fiers prétendants, je ne t'épargnerai pas, bien que tu m'aies nourri, quand je tuerai dans mon palais les autres servantes.* »

La nourrice Euryclée lui répondit alors :

« *Cher enfant, quel propos a jailli de tes lèvres ? Tu connais la force de mon âme : je serai ferme comme un roc, dure comme le fer.* [...] »

La vieille femme alors alla à travers la grande salle chercher de l'eau pour le bain, car toute l'eau du chaudron avait été renversée. Elle lui baigna les pieds, puis les enduisit d'huile fine. Ulysse rapprocha son siège du feu, afin de se réchauffer, et cacha sa cicatrice avec ses loques.

[Pénélope alors demande à Ulysse le sens d'un songe qu'elle a fait récemment. Un aigle brisait le cou de ses vingt oies qu'elle aimait à voir manger le grain : c'est le trépas des prétendants qui est ainsi prédit, lui répond-il. Pénélope ne le croit pas. Elle lui demande enfin son avis sur une épreuve qu'elle veut leur proposer : envoyer une flèche à travers douze haches comme savait le faire Ulysse. Il la félicite pour son idée, lui disant que c'est Ulysse lui-même qui gagnera l'épreuve. Puis Pénélope regagne en pleurant ses appartements pour la nuit.]

Notes

1. **met à ma merci** : me livre.

Chant XX

[NUIT DU JOUR 38 ET JOUR 39 : SONGES ET PRÉSAGES]

[Ulysse va se coucher dans l'entrée mais, indigné par l'effronterie des servantes, ne trouve pas le repos. Athéna lui apparaît et lui promet une protection infaillible[1] dans l'accomplissement de sa vengeance, puis elle lui envoie un sommeil réparateur. À l'aube, il entend les pleurs de son épouse qui demande la mort à Artémis. Il se lève alors et, dans la cour, prie Zeus de lui envoyer deux signes : l'un venant de sa maisonnée, l'autre de lui-même. Aussitôt, la foudre retentit et la plainte d'une esclave s'élève vers Zeus pour souhaiter la mort des prétendants. Ulysse est réconforté.

Les prétendants arrivent et se mettent au festin servi par Eumée le porcher[2], Philétios le bouvier[3] et Mélanthios le chevrier[4]. Pendant ce temps, on fête Apollon dans la ville. Un prétendant, Ctésippos, lance sur Ulysse un pied de bœuf qu'il esquive avec un rire sardonique[5]. Tous se moquent de Télémaque qui a pris sa défense. Seul, le devin Théoclymène voit la nuit de la mort les envelopper, leur prédit leur fin puis s'en va.]

Notes

1. **infaillible** : certaine.
2. **porcher** : gardien des porcs.
3. **bouvier** : gardien de bœufs.
4. **chevrier** : gardien de chèvres.
5. **sardonique** : moqueur et grinçant.

Chant XXI

[JOUR 39 : L'ÉPREUVE DU TIR À L'ARC]

1   Athéna, la déesse au-clair-regard, incita[1] alors la fille d'Icare, la sage Pénélope, à proposer aux prétendants l'arc et les haches grises, afin qu'aient lieu, dans la grande salle, le concours et le début du massacre. [...]

5   Accompagnée de ses servantes, Pénélope alla au fond de la chambre, où le maître avait son trésor : or, bronze et fer bien travaillé. C'est là que se trouvaient son arc recourbé et son carquois[2] rempli de flèches, qui en feraient gémir plus d'un. [...] Elle tendit la main et détacha du clou l'arc avec son étui brillant. Elle s'assit, le posa sur ses genoux et, avec des cris mêlés de larmes, ôta du fourreau[3] l'arc de son seigneur.

Après avoir beaucoup pleuré et sangloté, elle alla dans la grande salle parmi les fiers prétendants. Elle portait l'arc recourbé et le carquois rempli de flèches, qui en feraient gémir plus d'un. Derrière elle, les femmes portaient le coffre contenant les haches.

Quand la-toute-divine eut rejoint les prétendants, elle se tint contre les montants de la salle bien ouvragée[4] et, ramenant

---

Notes
1. **incita** : amena.
2. **carquois** : étui pour les flèches.
3. **fourreau** : étui protecteur.
4. **ouvragée** : sculptée.

contre ses joues son voile brillant, [...] s'adressa sans tarder aux prétendants :

« *Écoutez, prétendants, [...] voici votre épreuve. Je viens vous proposer l'arc du divin Ulysse : celui qui saura le tendre sans effort, et d'une flèche traversera ces douze haches, je le suivrai, quittant pour lui ce toit conjugal[1], cette belle demeure regorgeant de biens, dont je garderai toujours le souvenir, même dans mes songes.* »

Elle dit ; puis demanda à Eumée, le divin porcher, de proposer l'arc et les haches grises aux prétendants. Eumée les prit et les offrit en pleurant. Le bouvier Philétios pleura lui aussi dans son coin, quand il vit l'arc de son maître. [...]

Le fort et majestueux Télémaque dit alors :

« *Approchez donc, prétendants ! Venez sans tarder tendre cet arc, que nous vous voyions à l'œuvre ! Moi-même, je vais tenter l'épreuve. Si je tends l'arc, si ma flèche traverse ce fer, je n'aurai pas la douleur de voir ma vénérable mère quitter ce foyer pour suivre un autre homme, et je ne resterai pas seul, puisque j'aurai été capable, comme mon père, de vaincre en ce beau concours !* »

Il dit ; puis, s'étant débarrassé de son manteau pourpre[2], il se dressa d'un bond, ôta l'épée qui pendait à son épaule et se mit à creuser un long fossé : il y planta toutes les haches, les alignant au cordeau[3] et buttant de la terre[4] tout autour. Ce fossé suscita[5] l'admiration de tous les Achéens. Télémaque alla ensuite se placer sur le seuil pour essayer l'arc : trois fois, il faillit le tendre, tant il avait envie de vaincre ; trois fois, la force lui manqua, malgré tout son espoir. Il aurait peut-être réussi son quatrième essai, mais Ulysse lui fit signe et arrêta son effort.

Notes

1. toit conjugal : maison où vit un couple.
2. pourpre : rouge sombre.
3. les alignant au cordeau : les disposant régulièrement comme en suivant une corde tendue.
4. buttant de la terre : amenant de la terre.
5. suscita : souleva.

Le fort et majestueux Télémaque dit alors :

« Hélas ! serai-je faible et lâche à tout jamais ? Suis-je trop jeune encore pour compter sur ma force [...] ? Mais allons, vous qui êtes bien plus forts que moi, venez donc essayer cet arc, et mettons un terme[1] à cette épreuve ! »

[...] Le premier à se lever fut le fils d'Œnops, Leiôdès, le prêtre chargé des sacrifices. Il se tenait toujours au fond de la salle, près d'un beau cratère. Il était le seul à désapprouver le fol orgueil des prétendants, et faisait à tous des reproches. Le premier, donc, il prit l'arc et la flèche rapide. Il alla s'installer sur le seuil pour essayer l'arc, mais il ne put le tendre. Ses blanches et délicates mains s'épuisèrent en de vains efforts. Il dit alors aux prétendants :

« Amis, ce n'est pas moi qui le tendrai, qu'un autre le prenne ! Mais cet arc va briser le cœur et l'âme de nombreux princes, s'il est vrai qu'il vaut mieux mourir que de continuer à vivre sans obtenir ce que nous espérions tous, assemblés ici depuis des jours et des jours ! »

Il dit, et posa l'arc à terre [...].

Fou de colère, Antinoos l'interpella vivement :

« Leiôdès, quel terrible propos a jailli de tes lèvres ? J'en suis révolté ! Ainsi, parce que tu n'as pas su le tendre, cet arc doit briser le cœur, la vie de nos princes ? N'est-ce pas plutôt que ta vénérable mère n'a pas su mettre au monde un homme habile à manier l'arc et les flèches ? Attends un peu, d'autres nobles prétendants vont le tendre, cet arc ! »

Il dit, et donna l'ordre suivant à Mélanthios, maître-chevrier :

« Vite, Mélanthios, allume un feu dans la salle, près duquel tu poseras un grand siège couvert de toisons, puis va dans la réserve chercher un grand pain de suif[2], afin que nos jeunes prétendants chauffent l'arc et l'enduisent de graisse ! [...] »

Les jeunes prétendants essayèrent de tendre l'arc ainsi réchauffé, mais ils échouèrent : ils étaient loin d'avoir la force suffisante !

Notes

1. terme : fin.
2. suif : graisse de bœuf.

[Il ne reste plus en lice[1] que les chefs des prétendants : Eurymaque et Antinoos sortant dans la cour, Ulysse se fait reconnaître d'Eumée et de Philétios puis il leur donne des instructions. De retour dans la salle, il voit Eurymaque échouer à l'épreuve de l'arc. Antinoos propose de différer la suite du concours au lendemain car, prétend-il, ce jour où l'on fête le grand archer Apollon ne leur est pas favorable.]

Ruminant sa ruse, Ulysse l'avisé dit alors :

« *Écoutez, prétendants de l'illustre reine ;* [...] *donnez-moi cet arc bien poli : je voudrais essayer la force de mes bras, voir si mes membres souples*
80 *ont conservé leur vigueur, ou s'ils ont été domptés par les rudesses d'une vie errante.* »

Ces mots soulevèrent une vive indignation, car tous craignaient qu'il ne réussît à tendre l'arc.

Fou de colère, Antinoos lui répondit :

85 « *Misérable étranger, tu as donc perdu la tête ! Il ne te suffit pas d'être au festin en notre noble compagnie, de partager nos mets et d'écouter nos discours ?* [...] *Reste donc tranquille et bois, sans chercher à rivaliser avec notre jeunesse !* »

Mais la sage Pénélope lui adressa cette remarque :

90 « *Antinoos, il est indigne, injuste de maltraiter en cette demeure les hôtes de Télémaque, quels qu'ils soient ! Crois-tu que cet étranger, s'il tendait l'arc à la force de ses bras, m'emmènerait et ferait de moi son épouse ? Il n'y songe pas lui-même ! Ne laissez donc pas cette idée insensée troubler votre esprit, poursuivez votre festin.* » [...]

95 Le prudent Télémaque dit en la regardant :

« *Cet arc, ma mère, nul Achéen plus que moi n'a pouvoir d'en disposer à sa guise. Personne* [...] *ne pourrait s'opposer à ma volonté, pas même si je voulais faire don de cet arc à cet étranger. Mais toi, regagne tes appartements, reprends tes travaux, ta toile, ta quenouille[2] et ordonne à tes*
100 *servantes de se remettre à l'ouvrage. Cet arc est affaire d'hommes, et c'est moi surtout que cela concerne, moi qui suis maître en cette demeure !* »

---

1. en lice : en compétition.　　**2. quenouille :** bâton entouré de la laine qui sera filée.

Toute surprise par ce discours, Pénélope regagna ses appartements, gardant en son cœur les sages propos de son fils. [...]

Or le divin porcher allait porter l'arc à Ulysse, sous les huées[1] des prétendants dans la grande salle. [...] Puis il appela la nourrice Euryclée au-dehors :

« Sage Euryclée, Télémaque t'ordonne de bien fermer les solides portes de la salle. Et, si l'une de vous entend du tumulte, des cris dans notre assemblée d'hommes, elle ne doit surtout pas sortir, mais continuer tranquillement son ouvrage. »

Il dit ; et sans qu'un mot s'envolât de ses lèvres, elle alla fermer les portes de la vaste salle.

Philétios, lui, s'empressa d'aller fermer le portail de la cour. [...] Puis il rentra dans la salle et regarda Ulysse qui maniait son arc en tout sens et le tâtait pour voir si la corne n'avait pas été, en son absence, rongée par les vers. [...]

De même qu'un homme qui joue de la cithare et sait chanter tend sans effort une corde sur la clef neuve, en fixant aux deux extrémités le boyau[2] bien tordu, de même Ulysse n'eut-il aucun mal à tendre le grand arc : de sa main droite, il tira sur la corde qui rendit un beau son, semblable au cri de l'hirondelle. Une peur affreuse saisit tous les prétendants : leur visage changea de couleur. Zeus se manifesta alors par un coup de tonnerre, et Ulysse se réjouit que le fils du rusé Cronos lui eût envoyé ce signe. Il prit une flèche qui était là sur la table ; les autres, restées aux creux du carquois, fondraient bientôt sur les Achéens. L'ayant ajustée au coude de l'arc, il tira la corde et l'encoche[3], sans même se lever de son siège, et envoya la flèche en visant bien droit. Depuis le premier trou jusqu'au dernier, le bronze de

---

Notes
1. **huées** : cris hostiles.
2. **boyau** : intestin des animaux.
3. **encoche** : petite entaille.

130 la flèche traversa toutes les haches puis ressortit. Ulysse dit alors à Télémaque :

« *Télémaque, tu n'as pas à rougir de ton hôte assis en ta demeure.* [...] *Les prétendants peuvent m'accabler d'injures, j'ai encore toute ma force. Mais le moment est venu de leur offrir un autre festin !* [...] »

Ulysse (Stéphane Gallet) tendant l'arc (Cie Ecla Théâtre, 1998).

Au fil du texte

Questions sur le chant XXI – L'épreuve du tir à l'arc
(pages 117 à 122)

Que s'est-il passé entre-temps ?

1 Au chant XVIII, qui inspire les actions de Pénélope et des prétendants ?

2 Au chant XIX, comment le mendiant gagne-t-il la confiance de Pénélope ?

3 À quoi Euryclée reconnaît-elle Ulysse ? Quels sont les sentiments qu'elle éprouve alors ?

4 Quelle importante décision prend Pénélope ? Quelle étape du récit s'annonce ?

5 Au chant XX, de quelle façon les angoisses d'Ulysse sont-elles apaisées ?

6 Quelles humiliations subit encore Ulysse ?

Avez-vous bien lu ?

7 Qui inspire à Pénélope de proposer l'épreuve de l'arc et dans quel but ?

8 Qui est le premier à tenter l'épreuve de l'arc et pour quelles raisons ? Réussit-il ?

9 Qui essaie ensuite de tendre l'arc ? Pour chacun, notez l'image qu'Homère nous en donne et dites quel est le résultat.

10 À votre avis, pourquoi Antinoos et Eurymaque ne tentent-ils pas l'épreuve tout de suite ?

11 Quelles dispositions sont prises pour la réussite du plan d'Ulysse ?

ÉTUDIER LA GRAMMAIRE

12 Repérez les phrases injonctives*. Quels personnages donnent des ordres et à qui ?

13 Relevez les verbes exprimant l'ordre. À quel mode sont-ils le plus souvent ? Quelle atmosphère cela apporte-t-il à la scène ?

> ** phrase injonctive :* type de phrase qui exprime un ordre, une défense ou un conseil.

ÉTUDIER L'ÉCRITURE

14 Relevez une proposition subordonnée relative qui qualifie les flèches et qui est employée deux fois. Expliquez-en le sens.

ÉTUDIER UN THÈME : LE RÔLE DE L'ARC

15 À quoi voyez-vous que l'arme d'Ulysse est extraordinaire ?

16 À quel instrument l'arc est-il comparé ? À qui est comparé Ulysse tendant l'arc ?

ÉTUDIER LA PLACE DE L'EXTRAIT DANS L'ŒUVRE

17 L'élément résolutif*. Au début et à la fin du chant, quelles expressions informent le lecteur de la suite des événements ?

18 Donnez trois indices qui montrent que les dieux sont du côté d'Ulysse.

19 La réussite de l'épreuve par Ulysse. Qui s'y attend ? Qui ne s'y attend pas ? Quel en est l'effet sur chacun ?

> ** élément résolutif :* dans une narration, événement ou série d'événements qui permet à l'action de se terminer.

Chant XXII

[JOUR 39 : LE MASSACRE DES PRÉTENDANTS]

1   S'étant dépouillé de ses haillons, Ulysse l'avisé bondit sur le vaste seuil. Il tenait à la main son arc et le carquois rempli de flèches : il répandit les traits rapides à terre, devant ses pieds, puis s'adressa aux prétendants :

5   *« C'en est fini de ces jeux innocents ! Voyons maintenant si Apollon m'accordera la gloire de viser une cible que personne n'a encore atteinte ! »*

Il dit, et dirigea sa flèche amère contre Antinoos qui s'apprêtait à lever sa belle coupe en or ciselé[1]. [...] Il avait visé la gorge : la pointe de la flèche traversa la nuque délicate. Antinoos chancela, sa main lâcha la coupe, et du sang épais jaillit de ses narines. D'un coup brusque, son pied renversa la table, et la nourriture se répandit à terre : le pain et les viandes rôties furent souillés[2] de sang.

[Les prétendants cherchent des armes pour venger leur chef mais n'en trouvent pas. Ulysse, alors, se dévoile. Eurymaque essaie de sauver sa vie en rejetant toute la faute sur Antinoos. Ulysse ne lui offre que le combat. La lutte commence. Eurymaque est transpercé par une flèche d'Ulysse. Télémaque abat, de sa lance, Amphinomos puis va chercher des armes au trésor du palais. Ulysse atteint les ennemis de ses traits[3] et s'arme

---

Notes
1. **ciselé** : minutieusement sculpté.
2. **souillés** : salis.
3. **traits** : flèches.

de piques. Cependant, Mélanthios a pris au trésor boucliers et javelines[1] dont les prétendants s'équipent. Mais Eumée et Philétios le neutralisent en l'attachant à une colonne. Athéna encourage Ulysse sous les traits de Mentor[2] puis, changée en hirondelle, fait dévier les piques que lancent les prétendants. Ceux-ci reculent; leur fin est proche.]

Du côté du sage et subtil Ulysse, on visa dans la troupe des prétendants. Eurydamas fut abattu par Ulysse, le destructeur-de-villes; Amphimédon, par Télémaque; Polybe, par le Porcher; et Ctésippos, par le Bouvier. [...] Ulysse alors s'approcha pour frapper de sa longue lance le fils de Damastor; Télémaque blessa au ventre Léocrite, fils d'Événor, et sa lance lui traversa tout le corps [...].

Quant à Léiôdès, il s'était jeté aux genoux d'Ulysse pour lui adresser ces paroles ailées :

« Ulysse, je t'en supplie, épargne-moi, aie pitié! Je te le jure : jamais je n'ai insulté ni outragé tes femmes dans le palais, c'est moi au contraire qui bridais[3] l'insolence des prétendants, quand ils se conduisaient mal. [...] »

Mais Ulysse l'avisé lui jeta un regard noir et lui dit :

« Allons! tu te vantais d'être leur prêtre sacrificateur, et plus d'une fois tu as dû, dans tes prières, me refuser la douceur du retour, dans l'espoir de me prendre ma femme et d'en avoir des fils! Non! tu n'échapperas pas à la mort cruelle. »

Il dit, puis saisit dans sa forte main l'épée qu'Agélaos, en mourant, avait laissé tomber à terre, et la lui plongea dans la nuque : sa tête alla rouler dans la poussière.

L'aède Phémios, qui chantait contre son gré pour les prétendants, cherchait lui aussi le moyen de fuir la noire mort. [...] Il alla se jeter aux genoux d'Ulysse et lui adressa ces paroles ailées :

---

1. javelines : petits javelots.
2. Mentor : habitant d'Ithaque, ami d'Ulysse qui l'a chargé de veiller sur sa maison à son départ pour Troie.
3. bridais : freinais.

Odyssée de Homère

« Ulysse, je t'en supplie, épargne-moi, aie pitié ! Tu seras plus tard tourmenté par le remords[1], si tu tues l'aède qui chante pour les dieux et les hommes. [...] »

Il dit, et le fort et majestueux Télémaque l'entendit. Vite il vint trouver son père :

« Arrête, ne frappe pas cet innocent ! Épargnons aussi le héraut Médon, qui toujours, dans notre palais, sut prendre soin de mes jeunes années. Puisse-t-il ne pas avoir été tué par le bouvier ou le porcher ! Puisse-t-il avoir échappé à ta fureur ! »

Il dit, et le sage Médon l'entendit : il s'était blotti sous un fauteuil et dissimulé dans une peau de vache fraîchement écorchée, évitant ainsi la noire mort. [...]

Ulysse l'avisé dit en souriant :

« [...] Sortez donc de cette salle, l'illustre aède et toi ! Allez vous asseoir dans la cour, à l'abri du carnage, tandis que j'accomplis ici le reste de ma besogne[2]. »

Il dit ; les deux hommes sortirent de la salle et allèrent s'asseoir sur l'autel[3] du grand Zeus, mais ils jetaient partout des regards inquiets, tant ils redoutaient la mort !

Ulysse, lui aussi, regardait partout dans la salle, vérifiant si quelque survivant ne s'était pas caché pour éviter la noire mort. Mais il les vit tous étendus dans le sang et la poussière, en tas, comme des poissons que des pêcheurs, au creux d'un rivage, ont tirés de la mer grise-d'écume, dans les multiples mailles de leurs filets : ils gisent[4] sur le sable, regrettant les vagues de la mer, tandis que l'ardeur du Soleil leur ôte leur dernier souffle. De la même façon, les prétendants gisaient tous entassés les uns sur les autres.

Notes
1. **remords** : honte d'avoir mal agi.
2. **besogne** : travail à accomplir.
3. **autel** : table de pierre destinée aux sacrifices.
4. **ils gisent** : ils sont étendus.

[Ulysse ordonne ensuite à Euryclée d'amener les douze servantes qui ont trahi leurs maîtres. Elles doivent sortir les cadavres des prétendants puis nettoyer à grande eau la salle. Elles sont ensuite emmenées dans la cour et Télémaque les exécute par pendaison. Mélanthios aussi est cruellement mis à mort au même endroit. Enfin, Ulysse purifie la salle en faisant brûler du soufre et les servantes qui sont restées fidèles lui font fête.]

Le massacre des prétendants. Motif d'un vase grec antique.

Au fil du texte

**Questions sur le chant XXII –
Le massacre des prétendants (pages 125 à 128)**

Avez-vous bien lu ?

1) Quelle impression nous donne Ulysse dans les premières lignes (1 à 7) de ce chant ? Justifiez votre réponse.

2) Qui est le premier atteint par Ulysse et pourquoi, selon vous ?

3) Quelle image d'Ulysse nous donne le meurtre d'Antinoos ?

4) Dans la description de la mort d'Antinoos, quelle est, pour vous, l'image la plus terrible et pourquoi ?

5) Quels sont les opposants* et les adjuvants* à Ulysse ? Le rapport de forces vous paraît-il équilibré ?

6) Quel sort particulier est réservé à Mélanthios ?

7) Qui Ulysse accepte-t-il d'épargner ? Pourquoi ?

8) Où s'était caché le héraut Médon ? Qu'en pensez-vous ?

9) Où vont se réfugier, en sortant de la salle, l'aède Phémios et le héraut Médon ? Pourquoi ?

> *opposant :* tout objet ou être vivant qui s'oppose à l'action du héros.
> *adjuvant :* tout objet ou être vivant qui vient en aide au héros.

ÉTUDIER LE DISCOURS

> **Situation de communication**
>
> Circonstances dans lesquelles s'inscrit la communication et qui permettent de savoir :
> – qui parle (locuteur),
> – à qui on parle (destinataire),
> – dans quel but on parle,
> – où et quand on parle.

10 La situation de communication : dans les paroles de Léiôdès et de Phémios (l. 23 à 40), indiquez ce qui montre leur position de suppliants.

11 Dans les paroles d'Ulysse (l. 51 à 53), montrez qu'il est en position dominante.

À VOS PLUMES !

12 Si vous aviez à filmer ou à dessiner Ulysse et Antinoos (l. 1 à 13), puis Ulysse et Leiôdès (l. 21 à 34), quels plans utiliseriez-vous pour chacun ? (Vous trouverez un rappel des différents types de plans en marge, page 28.)

13 À quoi sont comparés les prétendants morts ? Que pensez-vous de cette comparaison ?

LIRE L'IMAGE

14 Dans la représentation du massacre des prétendants (p. 128), comment le peintre a-t-il montré la faiblesse des prétendants face à Ulysse ?

Odyssée de Homère

Chant XXIII

[JOURS 39 ET 40 : LA RECONNAISSANCE D'ULYSSE PAR PÉNÉLOPE]

[Euryclée va éveiller Pénélope et lui annonce le retour et la vengeance d'Ulysse, le faux mendiant. Incrédule[1], Pénélope croit que le meurtre des prétendants est l'œuvre d'un dieu. Euryclée l'entraîne dans la grande salle. Mise en présence d'Ulysse, elle se refuse à le reconnaître et se fait reprocher son insensibilité par Télémaque. Toujours rusée, elle souhaite qu'Ulysse lui donne une preuve connue d'eux seuls.

Ulysse s'entretient avec son fils ; il craint que les nobles familles de l'île ne cherchent à venger la mort de leurs enfants. Il met en scène les fausses noces de Pénélope accompagnées de musique et de danses afin de tromper le voisinage. Il entre ensuite dans ses appartements.]

1. Dans le palais, l'intendante[2] Eurynomé baigna Ulysse au-grand-cœur. Après l'avoir frotté d'huile fine, elle le revêtit d'une belle tunique et d'un manteau, tandis qu'Athéna embellissait son visage [...]. De même qu'un habile artisan, formé à son
5. métier par Héphaïstos et Pallas Athéna, fait couler de l'or autour de l'argent, réalisant ainsi des œuvres de toute beauté, de même

---

1. **incrédule :** ne croyant pas.   2. **intendante :** personne chargée de l'approvisionnement du palais.

la déesse répandait la grâce sur la tête et les épaules d'Ulysse. Au sortir du bain, il avait l'apparence d'un Immortel.

Il revint dans la salle s'asseoir sur le même fauteuil, en face de son épouse, à laquelle il s'adressa ainsi :

« *Insensée[1] ! jamais les dieux de l'Olympe ne conçurent nature féminine plus insensible que la tienne !* [...] *Mais allons, nourrice, prépare-moi un lit : je coucherai seul, car vraiment le cœur de cette femme est dur comme le fer !* »

La sage Pénélope lui répondit :

« *Non, insensé, je ne te considère pas avec arrogance, indifférence ou mépris. Je sais bien qui tu étais, quand tu quittas Ithaque sur ton navire aux-longues-rames. Mais allons, Euryclée, va lui préparer une couche moelleuse : de la chambre aux-solides-murailles, sors le lit qu'il avait lui-même fabriqué, dresses-en les cadres dehors et garnis-le de toisons, de couvertures et de draps moirés[2].* »

Telle était l'épreuve à laquelle elle voulait soumettre son mari. Celui-ci, brûlant d'indignation, adressa ces propos à sa fidèle épouse :

« *Femme, tes paroles me blessent cruellement. Qui donc a déplacé mon lit ? L'homme le plus habile n'y parviendrait pas sans le secours d'un dieu qui, seul, pourrait le transporter ailleurs. Car ce lit, que j'ai moi-même façonné avec art, sans l'aide de personne, présente une caractéristique bien particulière. Dans l'enceinte[3] du palais, avait poussé, haut et dru[4], un olivier verdoyant, qui avait l'épaisseur d'une colonne. Je construisis, tout autour, les murs de notre chambre, en blocs bien serrés. Puis, après avoir élevé le toit et fixé la porte aux-panneaux-solidement-ajustés, je coupai la frondaison[5] de l'olivier verdoyant et équarris[6] le tronc jusqu'à la racine. Je mis toute mon adresse et mon application à le polir avec un outil en bronze, puis à l'aligner au cordeau[7] pour en faire un pied de lit.*

Notes

1. **insensée :** qui a perdu la raison.
2. **moirés :** qui ont des parties mates et des parties brillantes.
3. **dans l'enceinte :** à l'intérieur.
4. **dru :** vigoureux.
5. **la frondaison :** l'ensemble du feuillage.
6. **équarris :** rabotai.
7. **cordeau :** corde que l'on tend pour obtenir une ligne droite.

Ayant percé les autres pièces de bois avec une tarière[1], je les ajustai sur cette souche que je pris comme premier montant, et fis ainsi un lit, sur lequel je plaquai de l'or, de l'argent et de l'ivoire. Pour finir, j'y tendai des sangles[2] de cuir, d'un rouge éclatant. Voilà la caractéristique dont je te parlais. Mais j'ignore si ce lit est toujours à sa place, ou si, pour le déplacer, on a coupé la souche de l'olivier. »

Il dit ; et Pénélope sentit faiblir ses genoux et son cœur, car elle avait reconnu le signe distinctif qu'Ulysse venait de lui détailler. Fondant en larmes, elle courut se jeter à son cou et lui dit, en couvrant son visage de baisers :

« *Ne sois plus en colère contre moi, Ulysse, toi qui, toujours, fus le plus sage des hommes. Notre infortune nous vient des dieux. Il leur déplaisait que nous restions l'un à côté de l'autre, qu'ensemble nous profitions de notre jeunesse et atteignions le seuil de la vieillesse. Mais ne me blâme pas[3], ne m'en veux pas si je ne t'ai pas manifesté ma joie dès que je t'ai vu. J'avais toujours, au fond de moi, la crainte de voir quelqu'un venir ici pour m'abuser de belles paroles : il y a tant de gens qui nourrissent de mauvais desseins[4]!* [...] *Mais tu as su décrire la caractéristique bien particulière de notre lit, que personne d'autre ne connaissait, à part toi, moi et une seule servante, Actoris, que m'offrit mon père quand je vins ici, et qui gardait les portes de notre chambre aux-épaisses-murailles. De cette façon tu as convaincu mon cœur, quelque cruel qu'il soit.* »

Elle dit ; et ces paroles accrurent chez Ulysse le besoin d'épancher ses larmes : il pleurait, serrant dans ses bras sa femme fidèle, sa merveilleuse compagne.

Grande est la joie qu'éprouvent les naufragés à la vue de la terre ferme, alors que Poséidon a brisé sur les flots leur solide vaisseau, sous la violence du vent et des vagues. Seuls, quelques-uns échappent à la mer grise d'écume et nagent jusqu'au rivage : leur peau est rongée par l'eau salée, mais ils sont fous de joie, car

---

Notes

1. **tarière** : instrument qui sert à percer le bois.
2. **sangles** : larges bandes destinées ici à supporter le poids du corps.
3. **ne me blâme pas** : ne me critique pas.
4. **desseins** : projets.

ils foulent[1] le sol et voient la fin de leurs malheurs. De même, quel bonheur pour Pénélope de revoir son mari ! Aussi ne pouvait-elle détacher ses bras blancs de son cou !

L'Aurore aux-doigts-de-rose les aurait surpris là, en train
70 toujours de sangloter, sans l'idée qu'eut Athéna, la déesse au-clair-regard : elle allongea la nuit parvenue à son terme, et retint l'Aurore au-trône-d'or au bord de l'Océan, lui interdisant d'atteler ses rapides coursiers[2] qui vont porter la lumière aux hommes [...].

[Ulysse révèle à Pénélope la dernière épreuve annoncée par Tirésias (chant XI) et qu'il devra subir : errer de ville en ville, une rame à l'épaule, jusqu'en un pays où nul ne connaît la mer puis sacrifier à Poséidon avant de repartir chez lui. Les deux époux gagnent ensuite leur chambre. Ils se confient alors les malheurs qu'ils ont endurés. À l'aube, Ulysse, Télémaque, Eumée et Philétios s'arment et se dirigent hors de la ville vers l'habitation de Laërte.]

Notes

1. **ils foulent** : ils pressent le sol en marchant.

2. **coursiers** : grands et beaux chevaux.

Chant XXIV

[JOUR 40 : LA RECONNAISSANCE D'ULYSSE PAR LAËRTE]

[Conduits par Hermès, les fantômes des prétendants franchissent l'Océan et pénètrent aux Enfers. L'un d'eux, Amphimédon, conte à l'ombre d'Agamemnon la ruse de Pénélope et la vengeance d'Ulysse.

Cependant, Ulysse atteint le domaine de son père Laërte et trouve ce dernier, vieilli et misérable, en train de bêcher dans son verger. Il se fait passer pour un étranger jeté par les flots sur l'île d'Ithaque et lui conte qu'il a accueilli Ulysse en sa maison quatre ans auparavant. Devant le chagrin de son père, il cesse ses mensonges et se fait connaître.

La mort des prétendants enfin connue de leur famille, le père d'Antinoos, Eupithès, pousse l'assemblée du peuple à la vengeance. Une partie des assistants court aux armes. Devant la maison de Laërte, les deux camps s'affrontent. Athéna guide la lance de Laërte sur Eupithès qui succombe puis, poussant un cri, elle arrête le combat; les assaillants[1] refluent vers la ville. Ulysse, sur les conseils de la déesse, renonce à la poursuite et fait la paix avec son peuple.]

Note

1. **assaillants** : agresseurs.

Retour sur l'œuvre

Activités autour de l'*Odyssée*

1) Complétez ces mots-croisés à l'aide des définitions.

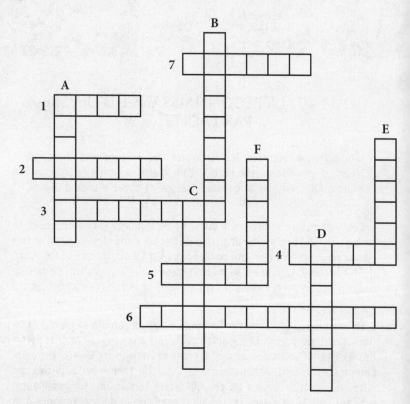

Horizontalement
1. Équivalent de « ville ».
2. Héros de l'*Odyssée*.
3. Femme d'Ulysse.
4. Magicienne capable de transformer des hommes en cochons.

5. Personnages au courage hors du commun qui ont accompli des exploits remarquables.
6. Mer parcourue par l'équipage d'Ulysse.
7. Féminin de dieu.

Verticalement
A. Monstre à un œil.
B. Fils d'Ulysse.
C. Dieu des mers.
D. Île habitée par Ulysse.
E. Auteur de l'*Odyssée*.
F. Pays des morts, gouverné par Hadès.

❷ Reliez chaque mot à sa signification.

Épopée • • Vers de 6 syllabes.
Épithète • • Adjectif facile à retenir qui caractérise un personnage.
Aède • • Poète et musicien de la Grèce antique.
Vers formulaire • • Histoire des dieux, demi-dieux et héros de l'Antiquité.
Hexamètre • • Phrase complète répétée dans le poème.
Métaphore • • Récit en vers racontant les exploits d'un héros.
Mythologie • • Figure de style qui définit un objet ou une personne grâce à une image.

❸ Placez les événements suivants dans l'ordre chronologique de l'histoire en indiquant des numéros de 1 à 6.

a) Ulysse raconte les aventures qu'il a vécues. ....

b) Ulysse remporte l'épreuve du tir à l'arc. ....

c) Ulysse est retenu prisonnier par Calypso. ....

d) Pénélope reconnaît Ulysse. ....

e) Zeus déclenche une tempête. ....

f) Ulysse est de retour sur l'île d'Ithaque. ....

❹ Mots cachés : trouvez toutes les divinités grecques présentes dans la grille. Sens de lecture : horizontal et vertical.

S	B	S	O	N	O	R	C
U	H	A	D	E	S	R	N
E	A	N	E	H	T	A	E
Z	R	H	E	R	M	E	S
E	C	A	L	Y	P	S	O
N	O	D	I	E	S	O	P

❺ Avec les lettres restantes dans la grille de l'exercice précédent, formez un mot. Cherchez sa définition dans un dictionnaire puis écrivez deux phrases de votre choix en utilisant ce mot.

❻ Qui suis-je? Indiquez à quels personnages les épithètes suivantes sont associées.

a) la-déesse-au-clair-regard : ....

b) l'homme-à-l'esprit-inventif : ....

c) l'Ébranleur-du-sol : ....

d) l'Assembleur-des-nuées : ....

e) Le-vieux-conducteur-de-char : ....

f) Chéri-de-Zeus : ....

g) aux-doigts-de-rose : ....

❼ Complétez les phrases à l'aide des mots ci-dessous.
Pénélope–Troie–dix–Circé–prétendants–Cyclope–Ithaque–Sirènes

Ulysse est un héros de la guerre de .... Pour regagner son île d'.........., il fait un voyage de ...... ans. Lors de ce voyage, il affronte de nombreuses épreuves : résister au chant des ...., échapper à la magicienne .... ou encore affronter le .... Il doit pourtant rentrer au plus vite, afin de sauver sa femme, ..., qui est entourée de ....

8) Parmi les propositions suivantes, cochez celles qui font partie du récit qu'Ulysse fait à Alkinoos.

❏ Circé transforme l'équipage d'Ulysse en cochons.

❏ Eumée héberge Ulysse dans sa cabane.

❏ Ulysse arrive au pays des Cyclopes.

❏ Le chant des Sirènes envahit le navire.

❏ Ulysse rencontre Nausikaa.

❏ Ulysse descend aux Enfers.

Dossier Bibliocollège

L'Odyssée

1. L'essentiel sur l'œuvre 142
2. L'œuvre en un coup d'œil 143
3. Contexte : la Grèce antique
   - La Grèce ouverte sur le reste du monde 144
   - L'organisation des cités grecques 145
4. Genre : L'épopée 146
5. Groupement de textes :
   Les monstres 148
6. Lecture d'images et histoire des Arts 154
7. Et par ailleurs… 156

1) L'essentiel sur l'œuvre

L'*Odyssée* a probablement été composée entre **750 et 650 av. J.-C.** Toutefois, ce poème ne sera transcrit de façon officielle que deux cents ans plus tard. C'est le tyran Pisistrate, dirigeant d'Athènes, qui souhaita diffuser les œuvres d'Homère.

Au moment où Homère a imaginé l'*Odyssée*, la Grèce redécouvrait l'écriture en s'appropriant un nouvel alphabet plus pratique : l'alphabet phénicien, ancêtre de notre alphabet. La **maîtrise de l'écriture** a sans doute permis à Homère d'organiser son **récit**, **divisé en journées**.

Odyssée

L'*Odyssée* est une **épopée** : un récit en vers racontant les exploits d'un héros hors du commun surmontant les obstacles dressés devant lui par les dieux de la mythologie grecque.

L'*Odyssée* est aussi un **récit de voyage** : Ulysse erre dix ans en Méditerranée avant de pouvoir rejoindre l'île d'Ithaque dont il est le roi.

2) L'œuvre en un coup d'œil

Après la guerre de Troie qui a duré dix ans, le retour d'Ulysse chez lui, sur l'île d'Ithaque, dure tout autant. L'*Odyssée* en raconte les quarante derniers jours. Près du but, lors de son séjour à la cour d'Alkinoos, Ulysse narre les multiples aventures qu'il a vécues pendant les dix années de son périple.

	Jours 1 à 6
Chants I à IV	• Les dieux évoquent le destin d'Ulysse empêché de rentrer chez lui par Poséidon qui se venge de la blessure infligée par Ulysse à son fils, le cyclope Polyphème. Athéna obtient de son père Zeus que soit ordonné à Calypso de libérer Ulysse. • En l'absence d'Ulysse, Pénélope, sa femme, est entourée de prétendants. Leur fils Télémaque, encouragé par Athéna, décide donc de partir à la recherche de son père ; il se rend chez Nestor, puis chez Hélène et Ménélas. • Télémaque apprend qu'Ulysse est retenu prisonnier par Calypso.

	Jours 7 à 33
Chants VI à VIII	• À la demande des dieux, Calypso laisse partir Ulysse. • Après avoir essuyé une terrible tempête envoyée par Poséidon, Ulysse rejoint l'île des Phéaciens, où il est accueilli par le roi Alkinoos.

	Nuit du jour 33
Chants IX à XII	**Retour en arrière : Ulysse fait à la cour le récit de ses multiples épreuves entre son départ de Troie et sa captivité chez Calypso** • Chant IX : Kikones, Lotophages, Cyclopes • Chant X : Éole, Lestrygons, un an chez Circé • Chant XI : descente aux Enfers • Chant XII : Sirènes, Charybde et Scylla, île du Soleil, sept ans chez Calypso

	Fin du jour 33 à jour 40
Chants XIII à XXIV	• Tous sont émus par le récit d'Ulysse et Alkinoos l'assure de son soutien. • Ulysse rejoint enfin l'île d'Ithaque, mais dissimule son identité. Sous l'apparence d'un vieillard, il annonce à Pénélope que son époux est vivant. Télémaque est également de retour. • Ulysse, toujours déguisé, remporte l'épreuve de l'arc, qu'il était seul à pouvoir réussir. • Ulysse massacre les prétendants. • Reconnaissance d'Ulysse par Pénélope.

3) La Grèce antique

LA GRÈCE OUVERTE SUR LE RESTE DU MONDE

Les explorations

Au VIIIe siècle av. J.-C., les Grecs cherchent à repousser au maximum leurs frontières. Ils ne cessent de sillonner les mers à la recherche de nouvelles terres à explorer, notamment sur les côtes orientales de la Mer Noire.

La colonisation

Ces explorations permettent à la Grèce de fonder des colonies autour de la Méditerranée, notamment en Italie ou en Sicile, et de trouver de nouvelles ressources : des céréales, de l'huile d'olive, mais aussi du bois ou du verre.

Le commerce

Au sein de la Grèce antique, le commerce tient une place très importante. Les cités grecques établissent de nombreux échanges commerciaux, surtout avec l'Égypte. Ceci est notamment rendu possible grâce à l'agriculture grecque (culture de céréales) et l'exploitation intensive de bois.

L'unité grecque

Bien que leurs cités soient indépendantes, les Grecs sont liés par une même langue (le grec) et une même culture (ils connaissent tous les histoires des héros racontées par les aèdes).

LA GRÈCE ANTIQUE

Les cités

La Grèce antique est composée d'une **multitude de cités** (environ 700), **indépendantes** mais aussi **rivales**. Dirigées par un roi ou un tyran, les cités sont souvent en guerre les unes contre les autres.

Les héros grecs

Les cités grecques étaient placées **sous la protection** d'un dieu. Elles se donnaient souvent une origine légendaire liée à un héros, pour renforcer leur puissance.

L'ORGANISATION DES CITÉS GRECQUES

Le peuple

La société grecque est très hiérarchisée. Les **citoyens** sont libres et mènent une vie agréable. Les **métèques** sont des étrangers venus s'installer dans une cité ; ils sont libres sans pour autant avoir les privilèges des citoyens. Citoyens et métèques peuvent acheter pour leur service des **esclaves**, sur lesquels ils ont droit de vie et de mort.

Le polythéisme

Les Grecs sont polythéistes, c'est-à-dire qu'ils croient en plusieurs dieux auxquels ils vouent un culte dans les temples de la cité. La vie de chaque cité est rythmée par les fêtes religieuses, au cours desquelles on procède à des sacrifices d'animaux, et où l'on organise des concours de théâtre.

4) L'épopée

L'épopée est un long **poème** en vers. Conçue pour être chantée, elle met en scène un **héros** qui doit accomplir des exploits surhumains, et cherche à susciter l'admiration de l'auditeur.

I – L'épopée, une littérature orale

➥ La tradition du partage

Au VIIIe siècle av. J.-C., les textes n'étaient pas lus mais appris par cœur par les **aèdes** qui avaient pour mission de les chanter en s'accompagnant d'un instrument. Les poètes parcouraient ainsi les routes, afin d'animer les demeures de rois. Lors de fêtes organisées par les puissants, on se réunissait pour écouter les exploits narrés par l'aède tout en profitant d'un très bon repas. Il n'était pas rare que certains se mettent à danser au son des rythmes entêtants de la musique.

> **À RETENIR**
> Une épopée est un long poème en vers qui raconte les exploits d'un héros. L'épopée antique était chantée par un aède dans les demeures des seigneurs.

➥ Un poème clamé par l'aède

Puisque les épopées sont destinées à être récitées, il faut que les aèdes puissent les mémoriser facilement (l'*Odyssée* comporte environ 12 000 vers !). Plusieurs procédés sont utilisés. Le poète emploie des vers courts, de six syllabes, appelés **hexamètres dactyliques**. Les personnages sont caractérisés par des **épithètes épiques** (par exemple, Athéna, « déesse aux yeux brillants » ; « Ulysse aux mille ruses »). On entend la reprise de vers entiers (les **vers formulaires**), dont la répétition les fait paraître aux auditeurs comme des refrains.

II – Un combat entre héros et dieux

➡ La figure du héros, objet d'admiration

L'épopée met en scène un ou plusieurs héros. Ce dernier se distingue du commun des mortels par ses qualités exceptionnelles aussi bien physiques qu'intellectuelles. Pour susciter l'admiration de l'auditoire, le poète recourt à l'**amplification** de la grandeur du décor et de la noblesse du héros, en utilisant des **hyperboles**, des **comparaisons** et des **métaphores** valorisantes (une métaphore définit un objet ou une personne grâce à une image).

> **À RETENIR**
>
> Les aventures du héros mêlent événements historiques et intervention des dieux. Tous les éléments de l'épopée contribuent à susciter l'admiration de l'auditeur pour le héros.

➡ Entre mythologie et faits historiques

Afin de prouver ses qualités, le héros est confronté à de nombreux éléments surnaturels, dus à la magie ou à l'intervention des dieux. En effet, même si l'épopée s'appuie sur des faits historiques, les dieux grecs sont présents tout au long du récit. Ceux-ci forcent le destin pour aider le héros ou au contraire l'empêcher d'accomplir sa mission : ainsi Poséidon retarde-t-il le retour d'Ulysse.

L'épopée	
Registre	Soutenu
Structure	Long poème en vers
Âge d'or	VIe siècle av. J.-C.
Type d'intrigue	Un héros accomplit des exploits
Personnages	Héros, dieux, demi-dieux, monstres et magiciens de la mythologie, rois et reines...
Thèmes	Exploits, voyages, aventures, combats
Diffusion	Orale

Dossier Bibliocollège

5) Les monstres

Un monstre est une personne ou une créature d'une laideur effrayante. Les monstres sont souvent assimilés à des êtres méchants, comme si leur apparence répugnante était le reflet de leur âme. Aussi les monstres sont-ils le plus souvent les ennemis du héros, s'opposant à la réalisation de ses vœux : la magicienne Circé, les Sirènes nuisent à Ulysse et à ses compagnons. Cependant, certains écrivains, comme Mme Leprince de Beaumont dans le conte *La Belle et la Bête* ou Victor Hugo, avec le personnage de Quasimodo dans le roman *Notre-Dame de Paris*, présentent des monstres qui suscitent l'empathie, la pitié. Enfin, il n'est pas toujours facile de savoir si un personnage peut être considéré comme un monstre ou pas : Dr Jekyll et Mr Hyde sont les deux faces du même personnage. La monstruosité peut aussi être le fruit de notre imagination, comme les enfants en font l'expérience dans *Sa Majesté des Mouches*.

Odyssée de Homère

1) Jeanne-Marie Leprince de Beaumont, *La Belle et la Bête*

La Belle et la Bête est un conte écrit par Jeanne-Marie Leprince de Beaumont en 1757. Belle a accepté, pour sauver la vie de son père, de devenir la prisonnière de la Bête. Peu à peu, Belle apprécie la compagnie de la Bête qui s'avère être un prince victime d'un mauvais sort. La Bête accepte que Belle quitte son château pour huit jours afin de passer du temps avec sa famille. Cependant, ses sœurs ont réussi à la convaincre de rester plus longtemps.

> Cependant Belle se reprochait le chagrin qu'elle allait donner à sa pauvre Bête, qu'elle aimait de tout son cœur, et elle s'ennuyait de ne plus la voir. La dixième nuit qu'elle passa chez son père, elle rêva qu'elle était dans le jardin du palais, et qu'elle voyait la Bête couchée sur l'herbe et près de mourir, qui lui reprochait son ingratitude. La Belle se réveilla en sursaut, et versa des larmes.
> — Ne suis-je pas bien méchante, disait-elle, de donner du chagrin à une Bête qui a pour moi tant de complaisance ? Est-ce sa faute si elle est si laide, et si elle a peu d'esprit ? Elle est bonne, cela vaut mieux que tout le reste. Pourquoi n'ai-je pas voulu l'épouser ? Je serais plus heureuse avec elle, que mes sœurs avec leurs maris. Ce n'est ni la beauté, ni l'esprit d'un mari qui rendent une femme contente : c'est la bonté du caractère, la vertu, la complaisance ; et la Bête a toutes ces bonnes qualités. Je n'ai point d'amour pour elle, mais j'ai de l'estime, de l'amitié, de la reconnaissance. Allons, il ne faut pas la rendre malheureuse : je me reprocherais toute ma vie mon ingratitude.
>
> Jeanne-Marie Leprince de Beaumont, *La Belle et la Bête*, 1757.

Questions sur le texte 1

A. Pourquoi la Bête est-elle considérée comme un monstre ? Quelles sont ses qualités malgré tout ?

B. Selon Belle, quel est le plus important chez un mari ?

2) Victor Hugo, *Notre-Dame de Paris*

Notre-Dame de Paris est un roman de Victor Hugo publié en 1831. On y suit notamment le personnage de Quasimodo, sonneur de cloche très laid qui tombe sous le charme de la jolie Esméralda. Lors de la fête des fous est élu un « pape des fous » ; la tradition veut que ce soit la personne la plus laide qui soit désignée ; Quasimodo, au physique difforme, remporte l'élection.

> Nous n'essaierons pas de donner au lecteur une idée de ce nez tétraèdre, de cette bouche en fer à cheval, de ce petit œil gauche obstrué d'un sourcil roux en broussailles tandis que l'œil droit disparaissait entièrement sous une énorme verrue, de ces dents désordonnées, ébréchées çà et là, comme les créneaux d'une forteresse, de cette lèvre calleuse sur laquelle une de ces dents empiétait comme la défense d'un éléphant, de ce menton fourchu, et surtout de la physionomie répandue sur tout cela, de ce mélange de malice, d'étonnement et de tristesse. Qu'on rêve, si l'on peut, cet ensemble.
>
> L'acclamation fut unanime. On se précipita vers la chapelle. On en fit sortir en triomphe le bienheureux pape des fous. Mais c'est alors que la surprise et l'admiration furent à leur comble. La grimace était son visage. Ou plutôt toute sa personne était une grimace. Une grosse tête hérissée de cheveux roux ; entre les deux épaules une bosse énorme dont le contre-coup se faisait sentir par devant ; un système de cuisses et de jambes si étrangement fourvoyées qu'elles ne pouvaient se toucher que par les genoux, et, vues de face, ressemblaient à deux croissants de faucilles qui se rejoignent par la poignée ; de larges pieds, des mains monstrueuses ; et, avec toute cette difformité, je ne sais quelle allure redoutable de vigueur, d'agilité et de courage ; étrange exception à la règle éternelle qui veut que la force, comme la beauté, résulte de l'harmonie. Tel était le pape que les fous venaient de se donner.
>
> On eût dit un géant brisé et mal ressoudé.

LES MONSTRES

Quand cette espèce de cyclope parut sur le seuil de la chapelle, immobile, trapu, et presque aussi large que haut, carré par la base, comme dit un grand homme, à son surtout mi-parti rouge et violet, semé de campanilles d'argent, et surtout à la perfection de sa laideur, la populace le reconnut sur-le-champ, et s'écria d'une voix :

— C'est Quasimodo, le sonneur de cloches ! c'est Quasimodo, le bossu de Notre-Dame ! Quasimodo le borgne ! Quasimodo le bancal ! Noël ! Noël !

Victor Hugo, *Notre-Dame de Paris*, 1831.

Questions sur le texte ❷

A. Décrivez physiquement Quasimodo.
B. Quels éléments du portrait viennent corriger la laideur du personnage ?
C. Quel sentiment Victor Hugo veut-il susciter chez le lecteur ?

3) Robert Louis Stevenson, *L'Étrange Cas du Dr Jekyll et Mr Hyde*

L'Étrange Cas du Dr Jekyll et Mr Hyde est une nouvelle de Robert Louis Stevenson publiée en 1886. Le Dr Jekyll possède une personnalité double. Il décide de créer une drogue pour dissocier le bon Dr Jekyll du mauvais Mr Hyde.

— Mais malgré cela, poursuivit le notaire, il y a une chose que je veux vous demander ; c'est le nom de l'homme qui a foulé aux pieds l'enfant.

— Ma foi, répondit Enfield, je ne vois pas quel mal cela pourrait faire de vous le dire. Cet homme se nommait Hyde.

— Hum, fit M. Utterson. Et quel est son aspect physique ?

— Il n'est pas facile à décrire. Il y a dans son extérieur quelque chose de faux ; quelque chose de désagréable, d'absolument odieux. Je n'ai jamais vu personne qui me fût aussi antipathique; et cependant je sais à peine pourquoi. Il doit être contrefait de quelque part; il donne tout à fait l'impression d'avoir une difformité; mais je n'en saurais préciser le siège. Cet homme a un air extraordinaire, et malgré cela je ne peux réellement indiquer en lui quelque chose qui sorte de la normale. Non, monsieur, j'y renonce; je suis incapable de le décrire. Et ce n'est pas faute de mémoire; car, en vérité, je me le représente comme s'il était là.

Robert Louis Stevenson, *L'Étrange Cas du Dr Jekyll et Mr Hyde,* 1886.
Traduction française de Théo Varlet.

Questions sur le texte ❸

A. Comment Mr Hyde est-il décrit physiquement?

B. Pourquoi Mr Hyde est-il désagréable à regarder?

4) William Golding, *Sa Majesté des Mouches*

Sa Majesté des Mouches est un roman anglais de William Golding, paru en 1954. Isolé sur une île déserte, un groupe d'enfants s'organise pour survivre. Certains d'entre eux sont persuadés qu'un monstre habite sur leur île.

Jack leur apparut, tremblant, la voix rauque et méconnaissable.

– J'ai vu quelque chose là-haut. […] J'ai vu une masse sur la montagne, une masse qui enflait.

– C'est ton imagination, protesta Ralph la voix tremblante. Parce que rien ne peut enfler. Pas une créature vivante.

– Une grenouille, dit Roger. […]

– Tu parles d'une grenouille de taille! Et ce bruit… Ça faisait «plop», et ça enflait. […]

– Eh bien! allons voir. […]

Devant eux, à trois ou quatre mètres au plus, là où aurait dû se trouver un vide, s'arrondissait une masse semblable à un rocher. Ralph entendait un petit bruit haché, mais ne savait pas d'où il sortait… peut-être de sa propre bouche. […] Devant eux était assis quelque chose qui ressemblait à un gorille, la tête entre les genoux. Alors, le vent se leva dans la forêt sombre s'anima et la créature leva la tête, tournant vers les garçons des restes de visage.

William Golding, *Sa Majesté des Mouches,* 1954.
Traduction de Lola Tranec © Éditions Gallimard.

Questions sur le texte

A. Pourquoi les garçons sont-ils effrayés par cette bête ?

B. À votre avis, quelle peut être cette créature en réalité ?

6) Lecture d'images et histoire des Arts

1) L'*Odyssée*, cratère en cloche à figures rouges (IVᵉ siècle av. J.-C.)

Document 1
Vase en céramique, IVᵉ siècle avant J.-C., conservé à l'Antikersammlung de Berlin.

Cette image est la reproduction photographique d'un vase grec en céramique, c'est-à-dire en terre cuite, datant du IVᵉ siècle avant J.-C. L'identité des artistes (celui qui a fabriqué le vase et celui qui l'a peint) est inconnue, ce qui était assez courant à l'époque pour ce type d'œuvres. Ce vase qui servait à mélanger le vin s'appelle un cratère.

Questions sur le document 1

A. Quelle scène issue de l'*Odyssée* est-elle représentée sur ce vase ? Dans quel chant se trouve-t-elle ?

B. Quels sont les personnages représentés ? Que sont-il en train de faire ?

C. Pourquoi un homme est-il attaché alors que les autres ne le sont pas ?

D. Décrivez physiquement les Sirènes et expliquez les différences entre cette représentation et celle que nous en avons aujourd'hui.

E. Sachant que le vase est à l'origine de couleur rouge-orangé, comment l'artiste a-t-il fait pour peindre cette scène ?

LECTURE D'IMAGES ET HISTOIRE DES ARTS

2) Affiche du film *La Belle et la Bête* de Jean Cocteau, 1946.

Document 2
L'une des affiches du film *La Belle et la Bête*.

Jean Cocteau est un célèbre artiste français du XXe siècle, décédé en 1963. Il est reconnu en tant que poète, auteur, réalisateur et scénariste. En 1946, il a réalisé une adaptation cinématographique de *La Belle et la Bête*, conte de fées écrit en 1757 par Madame Leprince de Beaumont. Juste après la Seconde Guerre mondiale, ce film offre un double rôle – le Prince et la Bête –, à Jean Marais, l'un des acteurs préférés de Jean Cocteau.

Questions sur le document 2

A. Décrivez les personnages présents sur l'affiche.
B. Selon vous, quelle relation entretiennent la Belle et la Bête au vu de leur position sur l'affiche ?
C. Qu'est-ce qui prouve que Jean Cocteau était un artiste célèbre ?
D. Le but d'une affiche est de donner aux spectateurs envie d'aller voir le film. Quels éléments de l'affiche remplissent cette fonction selon vous ?

Et par ailleurs...

L'*Odyssée* est une œuvre riche qui a inspiré de nombreux artistes.

SUR LES ÉCRANS

– *Ulysse* (1954) de Mario Camerini est la plus célèbre des adaptations de l'Odyssée. Ce péplum transpose fidèlement à l'écran l'œuvre d'Homère, notamment avec des costumes très travaillés.

– *O'Brother* (2000) des frères Coen est une adaptation beaucoup plus libre de l'*Odyssée*. On suit les péripéties de trois prisonniers qui, après s'être enfuis du bagne, se lancent dans un voyage semé d'embûches.

Sur le petit écran:

– *L'Odyssée* (2003) est une série télévisée française, créée par David Michel. Ce dessin animé s'inspire librement de l'épopée d'Homère et suit les aventures d'Ulysse et ses compagnons tout au long de leur voyage de retour vers Ithaque.

SUR LA TOILE...

En vous rendant sur le lien ci-dessous, vous pourrez suivre une exposition très interactive avec des illustrations, des vidéos et des commentaires audio. http://expositions.bnf.fr/homere

QUELQUES LIVRES À DÉCOUVRIR

• *L'Iliade*, de Homère

Il s'agit de l'autre œuvre d'Homère, tout aussi célèbre que l'*Odyssée*. Homère y raconte la guerre de Troie en s'attachant au personnage d'Achille, qui souhaite venger la mort de son ami Patrocle. La lecture de ce texte permet d'en apprendre un peu plus sur la guerre qui a éloigné Ulysse et qui est donc à l'origine de son long voyage.

ET PAR AILLEURS…

- *L'Énéide*, de Virgile

Au sein de cette épopée, Énée, un chef de guerre troyen raconte la prise de sa ville, Troie, et le long voyage qu'il entreprend suite à sa défaite. Lire cette histoire, c'est se pencher sur les aventures d'un autre héros dont le voyage est tout aussi passionnant que celui d'Ulysse.

- *Les Larmes d'Ithaque*, de Éric Simard, Éditions Oskar Jeunesse.

Alexandros est un adolescent comme les autres qui vit sur l'île d'Ithaque. Il se retrouve malgré lui transporté au temps de son héros Ulysse, au sein de l'*Odyssée*, un livre qu'il a lu et adoré. Ce roman, qui mêle le quotidien d'un adolescent de notre époque au monde de l'*Odyssée*, nous plonge dans la mythologie grecque.

CONSEILS de LECTURE

- Pour en apprendre plus sur les cités grecques : *Grèce Antique*, de Louise Park, Éditions Gallimard Jeunesse, 2013.
- Découvrir la mythologie grecque à travers un livre illustré : *La Mythologie grecque*, de Sylvie Baussier, Éditions Gallimard Jeunesse, 2014.
- Un roman passionnant qui s'ancre dans la Grèce antique : *Les Enfants d'Athéna*, d'Evelyne Brisou-Pellen, Hachette Jeunesse, 2002.
- Un récit centré sur le personnage d'Achille : *Les Combats d'Achille*, de Mano Gentil, illustrations d'Elene Usdin, Nathan, 2003.

Crédits photographiques

p. 4 : © Hachette Livre. **p. 9 :** Ulysse et les Sirènes, mosaïque de Douga, Tunis, © Musée National du Bardo, photo Josse. **Bandeau ouverture des chants :** © Hachette Livre. **p. 22 :** © Bibl. des Arts décoratifs/J.-L. Charmet. **p. 32 :** © Hachette Livre. **p. 38 :** © photo R. Percheron, Artephot. **p. 45 :** © photo Ecla Théâtre. **p. 58 :** © Hachette Livre. **p. 68-69 :** © Louvre, photo RMN-Chuzeville. **p. 77 :** © photo Ecla Théâtre. **p. 85 :** Bibliothèque Albertina, Vienne, Autriche © Leemage/Fine Art Images. **p. 104 :** © Hachette Livre. **p. 112 :** reconnaissance d'Ulysse par Euryclée, vase grec, photo Bruckmann, © Hachette Livre. **p. 122 :** © photo Ecla Théâtre. **p. 128 :** photo Bruckmann, © Hachette Livre. **p. 148 :** © Hachette Livre.

Couverture : *Polyphemus*, Jean-Léon Gerome, collection privée, photo © Christie's Images/Bridgeman Images.

Verso de la couverture : Document 1 : © BPK, Berlin, Distri. RMN Grand Palais/Johannes Laurentius ; document 2 : © Collection Christophe L.

La bande dessinée sur la biographie de Homère, pages 5 à 8, a été réalisée par Julien Flamand.

Maquette intérieure : GRAPH'in-folio
Composition/mise en page : APS – Stéphane Tanguy

Achevé d'imprimer en Italie par Rotolito S.p.A.
Dépôt légal : Septembre 2018 - Edition n°05
70/3024/9

Dans la même collection

ANONYMES
  Ali Baba et les quarante voleurs (37)
  Fabliaux du Moyen Âge (20)
  Gilgamesh (83)
  La Bible (15)
  La Farce de Maître Pathelin (17)
  Le Roman de Renart (10)
  Les Mille et Une Nuits (93)
  Tristan et Iseult (11)

ANTHOLOGIES
  L'Autobiographie (38)
  Dire l'amour, de l'Antiquité
  à nos jours (91)
  L'Héritage romain (42)
  Poèmes 6e-5e (40)
  Poèmes 4e-3e (46)
  Textes de l'Antiquité (63)
  Textes du Moyen Âge
  et de la Renaissance (67)
  Théâtre pour rire 6e-5e (52)

ALAIN-FOURNIER
  Le Grand Meaulnes (77)

ANDERSEN
  La Petite Sirène et autres
  contes (27)

BALZAC
  Le Colonel Chabert (43)
  Eugénie Grandet (82)

BAUDELAIRE
  Le Spleen de Paris (29)

CARROLL
  Alice au pays des merveilles (74)

CHÂTEAUREYNAUD
  Le Verger et autres nouvelles (58)

CHRÉTIEN DE TROYES
  Lancelot ou le Chevalier
  de la charrette (62)
  Perceval ou le Conte du Graal (70)
  Yvain ou le Chevalier au lion (41)

CHRISTIE
  La mort n'est pas une fin (3)
  Nouvelles policières (21)

CORNEILLE
  Le Cid (2)

COURTELINE
  Comédies (69)

DAUDET
  Lettres de mon moulin (28)

DES MAZERY
  La Vie tranchée (75)

DOYLE
  Scandale en Bohême et autres
  nouvelles (30)
  Le Chien des Baskerville (49)

FLAUBERT
  Un cœur simple (31)

GAUTIER
  La Cafetière et autres contes
  fantastiques (19)
  Le Capitaine Fracasse (56)

GREENE
  Le Troisième Homme (79)

GRIMM
  Contes (44)

HOMÈRE
  Odyssée (8)

HUGO
  Claude Gueux (65)
  Les Misérables (35)

JARRY
  Ubu Roi (55)

LABICHE
  Le Voyage de Monsieur Perrichon (50)

LA FONTAINE
  Fables (9)

LEPRINCE DE BEAUMONT
  La Belle et la Bête et autres contes (68)

LÉRY
  Voyage en terre de Brésil (26)

Dans la même collection (suite et fin)

LONDON
  L'Appel de la forêt (84)

MARIVAUX
  L'Île des esclaves (94)

MAUPASSANT
  Boule de Suif (60)
  Le Horla et six contes fantastiques (22)
  Nouvelles réalistes (92)
  Toine et autres contes (12)

MÉRIMÉE
  La Vénus d'Ille (13)
  Tamango (66)

MOLIÈRE
  George Dandin (45)
  L'Avare (16)
  Le Bourgeois gentilhomme (33)
  L'École des femmes (24)
  Les Femmes savantes (18)
  Les Fourberies de Scapin (1)
  Les Précieuses ridicules (80)
  Le Malade imaginaire (5)
  Le Médecin malgré lui (7)
  Le Médecin volant – L'Amour médecin (76)

MONTESQUIEU
  Lettres persanes (47)

MUSSET
  Les Caprices de Marianne (85)

NÉMIROVSKY
  Le Bal (57)

OBALDIA
  Innocentines (59)

OLMI
  Numéro Six (90)

PERRAULT
  Contes (6)

POE
  Le Chat noir et autres contes (34)
  Le Scarabée d'or (53)

POPPE
  Là-bas (89)

RABELAIS
  Gargantua – Pantagruel (25)

RACINE
  Andromaque (23)
  Iphigénie (86)

RENARD
  Poil de carotte (32)

ROSTAND
  Cyrano de Bergerac (95)

SAGAN
  Bonjour tristesse (88)

SAND
  La Mare au diable (4)

SHAKESPEARE
  Roméo et Juliette (71)

STENDHAL
  Vanina Vanini (61)

STEVENSON
  L'Île au trésor (48)

STOKER
  Dracula (81)

VALLÈS
  L'Enfant (64)

VERNE
  Le Tour du monde en quatre-vingts jours (73)
  Un hivernage dans les glaces (51)

VILLIERS DE L'ISLE-ADAM
  Contes cruels (54)

VOLTAIRE
  Micromégas et autres contes (14)
  Zadig ou la Destinée (72)

WILDE
  Le Fantôme de Canterville (36)

ZOLA
  Jacques Damour et autres nouvelles (39)
  Au bonheur des dames (78)

ZWEIG
  Le Joueur d'échecs (87)